AF402266

La Faillite
DE
la Charité

PAR

Le Docteur Henri FISCHER

MEMBRE DE LA SOCIÉTÉ D'HYGIÈNE DE L'ENFANCE
MEMBRE DE LA SOCIÉTÉ MÉDICALE DES PRATICIENS, ETC.

PARIS

Librairie OLLIER-HENRY, Editeur

8, RUE CASIMIR-DELAVIGNE

1903

LA
FAILLITE DE LA CHARITÉ

La Faillite

DE

la Charité

PAR

Le Docteur Henri FISCHER

MEMBRE DE LA SOCIÉTÉ D'HYGIÈNE DE L'ENFANCE

MEMBRE DE LA SOCIÉTÉ MÉDICALE DES PRATICIENS, ETC.

PARIS

Librairie OLLIER-HENRY, Editeur

8, RUE CASIMIR-DELAVIGNE

—

1908

DU MÊME AUTEUR :

Nouvelle opération du pouce bifide. Broch. in-8, 1896.
Cancers de l'utérus. Broch. in-8, 1896.
Libération latérale et inférieure du méat urinaire dans le traitement de l'incontinence essentielle d'urine chez la femme (Opération nouvelle). In-8, 1897.
La dysménorrhée. Broch. in-8, 1898.
Néphropexie sans sutures par enclavement cicatriciel du rein (Opération nouvelle). In-8, 1899.
Le froid est-il dans les maladies aiguës une cause pathogène aussi importante que les anciens médecins le croyaient, et aussi nulle que certains modernes le pensent ? Broch. in-8, 120 pages, 1899.
Vade-mecum de thérapeutique chirurgicale des médecins-praticiens. Vol. in-8, 328 pages, 1900.
Splénopexie sans sutures par enclavement cicatriciel extrapéritonéal de la rate (Opération nouvelle). Broch. in-8, 1900.
Deux observations d'appendicite. Broch. in-8, 1901.
Les fugitives. Poésies. Broch. in-8, 208 pages, 1901.
Amblyopie intense occasionnée par un cas d'astigmatisme mixte double très forte et guérie par l'emploi de verres bicylindriques. Broch. in-8, 1901.
Vade-mecum d'obstétrique et gynécologie des médecins-praticiens. Vol. in-8, 321 pages, 1902.
Projet d'un système complet d'assistance chirurgicale. Broch. in-8, 1902.
Homo et Pessime, causerie sous une tonnelle. Broch. in-8°, 1902.
Le livre de Homo, propos errants. Broch. in-8°, 1902.
Le livre de Homo, devant les flots. Broch. in-8°, 1902.
Vade-mecum des maladies médico-chirurgicales du tube digestif, à l'usage des médecins praticiens. Broch. in-8, 1903, 423 pages.
Hygiène de l'enfance : Puériculture. Vol. in-8, 320 pages, 1903.
Hygiène de l'enfance : De l'Education. Vol. in-8, 314 pages, 1903.
Mystères de l'antiquité. Conférence faite le 19 janvier 1903. 48 pages, in-8.
Sonnailles et chansonnailles. Poésies. Vol. in-8, 160 pages, 1903.
Les trois Agas. Scène de la vie orientale en 2 tableaux et en vers. In-8°, 1903.
Hygiène de l'Enfance. — Education sexuelle. Vol. in-8, 280 pages, 1903.

SOUS PRESSE

Vade-mecum de pratique orthopédique chirurgicale des médecins-praticiens. Vol. in-8 illustré, 400 pages.

A MADAME VERA STARKOFF

Un admirateur de son grand talent et de son dévouement
infatigable aux déshérités de la fortune.

LA FAILLITE DE LA CHARITÉ

L'étude de ce qui a été fait jusqu'ici en France pour les tuberculeux nous offre le meilleur moyen de juger l'action de la charité contre la maladie.

Le mode d'action se diversifie suivant la classe sociale à laquelle appartiennent le bienfaiteur et le secouru, suivant leur religion, suivant que l'un et l'autre ont consenti à faire partie d'une organisation charitable ou qu'au contraire ils se sont obstinés à conserver une complète indépendance. Enfin les théories hygiéniques et médicales ne laissant pas d'avoir une certaine répercussion sur l'œuvre charitable : actuellement on ne parle plus de secours aux poitrinaires, on dit qu'on lutte contre la tuberculose, on ne donne plus aux hospices, on fonde des sanatoria.

Nous allons passer en revue les diverses modalités de l'action charitable.

Jusqu'à ces dernières années, pour tout le monde et actuellement encore pour la majorité des personnes le poitrinaire est un malade sympathique. Il est victime d'une hérédité fâcheuse ou de peines de cœur ; la maladie a affiné ses traits, rendu son regard plus brillant, et plus émotionnants les accents de sa voix cassée, entrecoupée de secousses de toux qui fait monter aux lèvres une mousse sanglante.

Il est le plus souvent jeune, et dans la phase du début la beauté d'une jeune fille doit à la maladie un plus bel éclat.

D'ailleurs on le sait condamné irrémédiablement. Quoi qu'il fasse, il s'en ira une année ou l'autre avec la chute des feuilles.

On comprend que pour une société imbue de ces croyances, le poitrinaire s'entoure d'une auréole sentimentale qu'ont notée les poètes et romanciers de la seconde moitié du siècle dernier.

Qui n'a pleuré avec Gilbert ou Millevoye, sur : « le jeune malade à pas lents,... qui ne veut pas mourir encore » ?

Qui n'a été ému de la touchante chanson de l'enfant ramassant les feuilles mortes qui marquent son destin ? ou des épisodes sur les jeunes filles poitrinaires qui émaillent les impressions du voyage d'Alexandre Dumas père dont l'œuvre, comme les propos d'une concierge, reflète exactement les idées et les croyances de l'époque.

Ainsi poétisé et idéalisé, le poitrinaire finit par devenir un objet d'envie pour les vaniteux, et les amoureux éconduits. On rêve d'apparaître sous cet aspect plein de langueur devant la jeune fille qui a préféré un autre et qui se désolera mais trop tard, le malade est condamné à mort.

Le poitrinaire est par tous largement secouru. — De tous les malades, c'est lui qui bénéficie le plus sûrement de la charité publique et privée, organisée ou non.

À Paris il encombre tous les hôpitaux. Dans une salle de soixante malades, les tuberculeux occupent trente-cinq lits, et tandis que les vingt-cinq lits restants changent de titulaire au moins une fois dans le mois, le tuberculeux occupera le sien indéfiniment jusqu'à ce que la nécessité de faire place à d'autres fasse signer son bulletin de sortie. Encore, dans ce cas, n'est-il pas jeté sur le pavé. Si la saison le permet, on l'envoie en convalescence à l'asile de Vincennes, où il séjournera quinze jours ou un mois et d'où souvent, il viendra reprendre son lit à l'hôpital accomplissant cette navette jusqu'à sa mort.

Si le malade ne peut aller dans un asile de convalescents, il reçoit un secours en argent de l'Assistance publique ou tout au moins en effets et il n'a plus qu'à se représenter le lendemain matin dans un autre hôpital pour retrouver encore un lit.

Pour peu qu'il soit à une période un peu avancée, ou dans un moment de poussée aiguë, le tuberculeux est toujours sûr d'être admis.

Il expectore abondamment et sans cesse, non seulement il ignore l'usage du crachoir mais il est bien décidé à ne pas s'en incommoder : en le recevant dans une salle de malades, on expose ceux-ci à une contagion pour ainsi dire certaine.

D'autre part, le tuberculeux lui-même, confiné dans une salle où il respirera un air vicié et où il manquera de la nourriture réconfortante qui lui est nécessaire, s'aggravera rapidement. Et le fait est évident pour tous ceux qui ont passé quelques années dans les hôpitaux de Paris. Tout tuberculeux admis, après deux ou trois jours d'amélioration passagère, due uniquement au repos dans un bon lit, voit l'appétit disparaître, la toux augmenter, la fièvre monter très-rapidement et en quelques semaines l'hôpital a mis fin à la maladie qui traînait depuis plusieurs années.

Cette solution est d'autant plus rapide que l'hôpital est plus ancien, plus central et plus encombré.

Tous les hôpitaux de Paris, sont mal aérés et encombrés mais, entre tous, l'hôpital de la Pitié nous permet de constater les admirables ressources de résistance de l'organisme humain, puisque les malades qu'on y abrite ne succombent pas tous immédiatement sous l'influence combinée du manque d'air respirable, d'un froid intense l'hiver, et d'une chaleur torride l'été, des piqûres d'insectes, des morsures de rats innombrables qui, en se promenant de malades en malades et peut-être même de la salle d'autopsie aux salles des malades, réalisent les conditions mêmes par lesquelles se propagent les maladies contagieuses graves : la peste, la fièvre jaune, le choléra, le paludisme, etc..

Tout au fond de la dernière des nombreuses cours qui entourent l'enchevêtrement des salles d'accouchements et des cuisines, des salles d'opérations et de la salle d'autopsie, du logement des internes et des salles de consultation externe, derrière tous ces bâtiments aux usages les plus divers et les plus odorants, une sorte de hangar long et étroit surmonté d'un premier étage et d'un grenier est particulièrement désigné pour recevoir les tuberculeux.

Au premier étage, ils peuvent encore à la rigueur se croire dans une salle de malades, mais dans le grenier, le doute ne leur est plus permis. Il leur suffit de lever la tête pour la cogner au toit; ils sont dans une soupente où par charité l'Assistance publique veut bien les aider à mourir.

Ce mortel lieu d'asile est situé dans un quartier populeux, empuanti par les mégisseries qui couvrent et déshonorent le dernier cours de la Bièvre, laquelle ayant commencé en clair ruisseau parmi les prairies et entre les saules dans le plus délicieux vallon qu'un poète ait jamais chanté, se termine en égout souillé par les industries du cuir et les déjections de la Pitié.

Elle semble se révolter en répandant le soir sur tout le quartier bâti dans sa vallée, un brouillard malsain autant que mal odorant, et c'est dans cette atmosphère froide, humide, nauséabonde que vit la population très dense qui peuple les quartiers des Gobelins et du Jardin des Plantes et tout le bétail humain qui s'empile dans les salles de la Pitié.

L'hôpital et les quartiers qui l'entourent ne partagent pas seulement les mêmes conditions atmosphériques nuisibles, ils se propagent les uns aux autres les diverses maladies contagieuses.

Les malades recherchent beaucoup ces hôpitaux centraux qui permettent de recevoir aisément des visites, et les visites sont nombreuses dans un hôpital placé dans un quartier des plus fréquentés de la rive gauche. Aux heures permises et souvent en dehors d'elles, entre les lits des malades serrés au point qu'on ne peut passer qu'en les frôlant, les ouvriers, ouvrières et petits bourgeois arrivent en foule et en famille les bras encombrés de paquets, vêtements, souvenirs et provisions de bouche. On veut voir, goûter de suite; les papiers se défont, les bouchons sautent, les oranges répandent leur parfum tandis que leurs peaux traîtresses aux pas des malades couvrent le parquet; par dessus tout règne une odeur combinée de vin de Bercy, de musc et de saucisson à l'ail, tandis que les rires deviennent bruyants, les histoires plus intéressantes et que la salle des malades prend l'aspect d'une salle de spectacle un soir de représentation populaire.

Il y a bien quelques individus qui ne prennent pas leur part de ces réjouissances, c'est le vieux cancéreux qui agonise depuis plusieurs jours sans arriver à finir de mourir, c'est le typhique qui bat la campagne et sur la face convulsée duquel chaque cri, chaque bruit violent se marque en un pli de souffrance, c'est enfin le pauvre diable sans parents, sans famille, sans amis que personne ne vient voir — mais encore celui-là ne reste pas isolé, ses voisins plus heureux partagent avec lui, les amis des voisins deviennent ses amis.

Cependant les enfants qu'on a amenés en partie de plaisir, d'abord intimidés s'enhardissent peu à peu, jusqu'à se couler sous les lits où on peut jouer à son aise quand on ne craint pas la poussière ou quelques crachats.

La visite terminée, tout ce monde court à l'atelier,

reprendre le travail au milieu des camarades, ou à la maison préparer le repas du soir en hâte, sans prendre le temps de se changer ni même de se laver les mains, ou voir des amis malades chez eux, tandis que les enfants vont se rouler avec d'autres enfants et leur communiquer avec leurs impressions la poussière et les déjections recueillies à l'hôpital.

Grâce à cet envahissement de l'hôpital par le public, le transport des maladies contagieuses se fait aisément de l'un à l'autre. Il est encore favorisé par l'absence totale de précautions prises à cet égard par le personnel tout entier attaché à l'hôpital. Si depuis quelques années, les chirurgiens et les accoucheurs ont pris soin de se couvrir de vêtements spéciaux dans le service des malades et ont exigé les mêmes précautions de la part de leur personnel, de façon à ne pas importer du dehors l'érysipèle ni aucun autre germe de suppuration, en revanche, les médecins sans cesse en contact avec des typhiques, scarletineux, diphtériques, tuberculeux, vont et viennent de leur clientèle privée à l'hôpital et de leurs malades à leurs plaisirs et à leurs affaires sans autre souci que d'être vêtus d'une redingote irréprochable, qui incite le client à comprendre toute la valeur de l'homme qui la porte. A peine le gilet est-il protégé du contact des draps du malade par ce tablier qui fait demander au public en regardant la statue de Ricord si c'était un gros mégissier du quartier.

Dans l'exploration d'un malade, les manches du médecin sont en contact avec ses draps, le linge de corps, et dans de nombreux cas peuvent être souillés par l'urine ou des déjections.

Dans ces conditions, pour sauvegarder le public, le médecin devrait changer de vêtements et de linge, non pas seulement chaque jour ni même matin et soir mais rigoureusement après chaque malade.

C'est évidemment absurde et impossible. Et ne savons-nous pas que les médecins en chef d'hôpital qui doivent rechercher, croit-on, la plus exquise propreté et comme médecins et comme hommes de la classe riche n'en donnent pas tous l'exemple.

Tous les étudiants qui ont fréquenté l'hôpital Necker il y a quelques dix ans ont connu ce médecin répandu dans la clientèle petite bourgeoise, membre loquace de toutes les sociétés savantes et membre très agissant d'un plus grand nombre encore de sociétés cléricales, qui, probablement, trop absorbé par ces multiples occupations. oubliait pendant toute une semaine, de changer les manchettes maculées par le pus et le sang d'un abcès promenées ainsi dans les très nombreuses maisons, sacristies, congrégations et pensionnats qu'il fréquentait.

Cet homme éminemment charitable ne demandait que des honoraires minimes et par suite était appelé de préférence, non seulement à ses collègues des hôpitaux ou de la Faculté, mais encore aux praticiens du quartier qu'il supplantait.

En revanche, ne pouvant suffire à cette trop copieuse besogne, acceptant de tout faire, il ne passait chez chaque malade que quelques minutes, distribuant un coup d'œil à l'un, un coup d'oreille à l'autre, à un troisième un coup de bistouri avec un vieil instrument à manche de corne qu'il sortait d'une poche de son gilet où il voisinait avec un chapelet et des médailles consacrées et qu'il y remettait sans l'avoir essuyé ; puis, sans se laver les mains, il allait faire un accouchement. Si l'on pouvait rendre apparents les germes des maladies contagieuses comme l'on rend visible un courant liquide en le colorant avec du bleu de méthylène ou de la phtaléine, on aurait pu suivre pas à pas la trace de l'homme de bien dont nous parlons.

On l'aurait vu au sortir de la messe qu'il entendait chaque matin à Saint-Sulpice et dans laquelle il demandait à son Dieu de lui accorder la force nécessaire pour continuer son œuvre de charité, on aurait vu transporter dans un pensionnat de jeunes filles la fièvre typhoïde dont il venait de voir un cas, de là importer à l'hôpital la scarlatine et la diphtérie, et de l'hôpital chez une accouchée le pus d'abcès qu'il avait la si dangereuse manie d'aimer à ouvrir.

Ces cas que nous citons ne sont malheureusement pas des conceptions de notre imagination, nous en avons été témoin.

En résumé, par esprit charitable, ce brave homme faisait de la médecine au rabais, en conséquence de quoi, il ruinait des praticiens honorables et consciencieux, ne prenait pas le temps de soigner ses malades, et causant à lui seul autant de cas de maladies qu'aurait pu le faire une bouche d'égout s'ouvrant dans une conduite d'eau potable.

Une autre conséquence de l'esprit charitable qui

pousse le médecin à admettre à l'hôpital tous les misérables malades qui s'y présentent est d'occasionner ainsi dans les salles l'encombrement. Chaque salle contient, dans la mauvaise saison, non seulement tous les lits qu'on peut y ranger en laissant strictement la place pour circuler entre eux, mais encore tout le couloir central qui les sépare est garni de brancards mis bout à bout, sans autre séparation qu'une table de nuit — quand il en reste — s'il n'en reste pas de disponible, c'est sur le plancher, sous son brancard, que le malade dépose son assiette, sa cuiller, sa fourchette, ses médicaments et son crachoir. Chaque porte ou chaque fenêtre qu'on ouvre chasse sur ces objets la poussière qui s'accumule toujours dans les coins d'autant plus difficiles à nettoyer qu'on peut à peine circuler dans une salle ainsi remplie.

Dans de telles conditions hygiéniques, les gens atteints de toutes sortes de maladies se guérissent malaisément ; la durée de leur séjour à l'hôpital en est notamment accrue et la place manque pour les autres — quant aux tuberculeux, ils en meurent — c'est cependant eux surtout qui produisent cet encombrement, cause de tout le mal.

C'est pour leur procurer une place de repos sur un brancard qu'on met en péril toute une population de malades qui ont, en entrant à l'hôpital, droit à ce que toutes les précautions soient prises pour ne pas aggraver leur état.

Tous les médecins savent cela ; tous sont d'accord que cette situation est périlleuse et que sa prolongation est intolérable.

Il faut, disent-ils, que l'administration construise au plus tôt des établissements spéciaux pour ses tuberculeux ; alors les hôpitaux de Paris, débarrassés de leur plus nombreuse clientèle pourront reprendre un fonctionnement normal.

Mais en attendant, pourquoi ces médecins, ces professeurs qui, non seulement dirigent ces services hospitaliers, mais apprennent aux élèves comment ils doivent agir vis-à-vis des malades — qui savent qu'en encombrant leurs salles de tuberculeux ils nuisent à ceux-ci autant qu'aux autres malades, pourquoi s'obstinent-ils donc, contre toute logique et toute honnêteté, à commettre chaque jour ce double méfait ?

Uniquement par esprit de charité. A chaque consultation où se décidait l'admission des malades, quand tous les lits disponibles étaient pris, nous avons entendu un des médecins les plus éclairés qui se puissent jamais rencontrer, dire : « Prenez encore celui-là, nous le caserons comme nous pourrons, il se reposera pendant quelques jours. » C'est là un sentiment d'humanité si naturel, que personne n'aurait pu s'élever contre lui, qu'on appréciait la bonté d'âme de l'excellent homme qui se manifestait et qu'on aurait été blessé, s'il eut agi autrement. C'est l'impression que nous avons eue quand, nous entendîmes un autre chef de service déclarer d'un ton sec à la consultation qu'il n'admettait les tuberculeux que dans la plus faible proportion possible ; quels regards de colère de la part des malades, d'effarement de la part des élèves de

voir un homme éminent se permettre publiquement
un pareil manquement aux sentiments d'humanité et
de pitié qui font, de l'avis unanime depuis l'origine,
partie intégrante et essentielle du caractère du médecin. Quel changement après les bonnes paroles misé-
ricordieuses des autres chefs de service. Mais suivons
dans sa visite cet homme impitoyable, c'est à la Pitié,
dans ce taudis que nous avons décrit plus haut.

C'est en hiver : pour garantir les malades du froid,
il faut chauffer au rouge une énorme poêle. L'atmosphère est irrespirable sous ce toit qu'on touche
de la tête. Tous les malades en souffrent, les tuberculeux râlent. Le chef de service s'approche de l'un
d'eux, regarde sa feuille de température ; depuis
l'entrée à l'hôpital, à partir des trois premiers jours,
la fièvre n'a pas cessé d'augmenter et tous les sym-
ptômes ont suivi cette marche ascendante. Le chef
s'éloigne en haussant les épaules : « Pourquoi nous
obliger à les recevoir à l'hôpital, puisque l'hôpital
les tue. »

Voilà la vérité : tous ses collègues l'ont constatée
eux aussi.

Pourquoi persistent-ils alors à encombrer leurs
services de ces malades que, par ce fait, ils condam-
nent à mort ?

Par esprit de charité.

Tel est du moins le nom générique qui, par un
mensonge conventionnel, couvre, dans ce cas, les
divers motifs suivants :

Un grand médecin qui gagne beaucoup d'argent
dans sa clientèle riche ne veut pas que de pauvres

gens puissent lui adresser le reproche d'être dur à leur égard uniquement parce qu'ils sont misérables, ce que ne manqueraient pas de faire ces malheureux ignorants des dangers qu'ils courent à l'hôpital.

Un homme satisfait dans son amour-propre comme dans ses divers appétits, n'aime pas à voir à travers la glace de son coupé des spectacles de la rue qui troublent sa quiétude en lui imposant la constatation que sa grande part des biens de ce monde est compensée par une trop faible échue à bien d'autres hommes. Et c'est un spectacle de ce genre qu'avait le médecin en sortant de l'hôpital pour rentrer déjeuner, tandis que stationnaient sur le trottoir le groupe lamentable de ces tuberculeux en haillons, se demandant où aller mourir.

Voilà quelques-uns des sentiments qui décident un homme intelligent à agir contrairement à ce que la raison lui indique de faire.

Celui qui refusait l'entrée dans son service aux tuberculeux, n'était guidé que par le désir de ne pas leur nuire.

La question se pose d'une façon bien plus large et plus complète.

Tout tuberculeux peut guérir, et s'il n'est pas usé, ne demande qu'à guérir à condition d'avoir de l'air pur à respirer et une alimentation réconfortante.

En le casernant dans une salle pleine de malades, vous lui donnez une alimentation insuffisante, vous lui enlevez tout appétit. Il est en outre soumis à tous les germes de suppuration qui pullulent dans ce

milieu et auxquels il offre un terrain tout préparé.
Vous réalisez donc toutes les conditions favorables
à la mort rapide du malade.

Mais bien plus, vous exposez à être contaminés
par ce malade, tous vos autres malades couchés
dans la même salle et même dans les salles voisines.
Car ce tuberculeux se lève, presque jusqu'au dernier
jour, il se promène dans les jardins, dans les couloirs, va dans toutes les dépendances de l'hôpital,
et partout il crache. Si, quand il est couché il se
sert parfois du crachoir qui est sur sa table de nuit,
une fois levé, il n'a à sa disposition que son mouchoir ou le sol.

Il évite généralement de salir ses mouchoirs et
préfère répandre sur le sol les innombrables germes
qui seront emportés par les mouches, les balais, les
poussières voltigeant au moindre courant d'air et
viendront se reposer sur les lits des autres malades
et sur leurs aliments.

Dans un de ces lits est couché un ouvrier, blessé
en travaillant, entré à l'hôpital pour consolider une
fracture et cicatriser une plaie qui doivent l'immo-
biliser pendant trois ou quatre semaines après quoi,
il doit suffire de quelques jours de bonne nourriture
et de promenade pour retrouver toutes ses forces et
sa bonne santé habituelle, momentanément dimi-
nuées par l'inaction et la nourriture peu appétis-
sante de l'hôpital.

Quelques jours après sa sortie de l'hôpital, il
commence à tousser, croit s'être enrhumé parce qu'il
n'est plus habitué à la température du dehors,

s'enferme dans sa chambre, la fièvre vient, les crachements de sang paraissent, on fait appeler un médecin qui ne peut que constater un début de tuberculose indéniable.

Cet ouvrier, victime d'un accident de travail, a été en outre victime de l'incurie de ceux qui avaient pris la charge de le soigner et qui, pour le guérir d'une fracture, lui ont occasionné une maladie probablement mortelle, étant données les conditions peu hygiéniques dans lesquelles il vit en général.

Maintenant, tout ce que ces mêmes médecins peuvent faire pour lui, ce sera, quand il sera devenu un cadavre ambulant, de l'admettre dans ce même hôpital; cette fois il ne sera plus exposé à se laisser contagionner, il sera destiné à propager sa maladie à d'autres malades.

Telles sont les conséquences logiques et réalisées journellement d'un acte charitable : la maladie, la misère et la mort d'un nombre incalculable de personnes dont la santé vous était confiée. Ceux qui le commettent ont pour leur défense cet argument que non admis à l'hôpital, le tuberculeux vivant libre dans la société est un foyer de contagion pour tous ceux qui l'entourent et particulièrement pour sa famille.

Il est certain que ce danger existe, mais le risque de contagion est bien moindre pour des personnes valides, vivant au grand air, se nourrissant bien et qui ne sont pas en contact permanent avec le tuberculeux que pour des malades offrant un terrain préparé à la pénétration des germes et qui, en vivant constamment avec un tuberculeux, sont couverts de ces germes.

Et puis le médecin pour lequel se pose le problème d'admettre un tuberculeux à l'hôpital par charité ou de le refuser par devoir, n'a la charge que des malades de son hôpital qu'il s'est engagé à soigner le mieux possible.

Il ne peut songer à surveiller l'hygiène de la société toute entière. Ceci concerne tous les membres de cette société pour lesquels il ne peut y avoir de souci plus urgent que d'éviter les maladies transmissibles, l'ennemi invisible qui les guette sans trêve et détruit plus d'hommes dans son action incessante que ne l'a jamais fait aucune bataille célèbre dans les fastes militaires et renouvelée chaque semaine.

Cependant nous voyons glorifier les noms éternellement célèbres de ceux qui ont présidé à ces boucheries et de ceux qui ont déchaîné et excité les fureurs homicides de ces pauvres ignorants. Lesquels ne sont pas encore instruits des moyens en temps de paix de sauvegarder cette existence qu'ils doivent sacrifier à la patrie en temps de guerre.

Cette inconscience du troupeau humain n'est pas plus surprenante que le manque de prévoyance des mauvais bergers, qui ont cependant le plus grand intérêt à conserver le plus de têtes de bétail, puisque chacun de ces êtres inférieurs contribue en temps de paix au bien-être du berger ; en temps de guerre à sa défense ou plus souvent à l'augmentation de son prestige et de son troupeau.

Le tuberculeux n'est pas une unité perdue pour la société c'est une unité qu'on laisse perdre et qui causera la perte d'un nombre incalculable d'autres unités.

C'est ce qui se produit quand on hospitalise le tuberculeux pêle-mêle avec les autres malades vis-à-vis desquels cet acte charitable constitue un véritable abus de confiance.

C'est ce qui se produit quand, appelé près d'un tuberculeux, le médecin par esprit de charité, n'ose pas lui déclarer sa maladie et par suite ne peut exiger de lui aucune mesure de préservation pour les autres, aucuns soins sérieux pour lui-même.

Cette conduite du médecin était parfaitement logique, quand le médecin pouvait encore partager l'ancienne doctrine de l'incurabilité de la tuberculose. Il est évident qu'un médecin ne doit jamais, dans aucun cas, sous quelque prétexte que ce soit, avouer à un malade qu'il est atteint d'un cancer, maladie que le malade et le médecin savent incurables.

Actuellement il n'est pas plus permis à un médecin de croire à l'incurabilité de la tuberculose que de croire aux revenants ou aux miracles. Un praticien imbu de telles idées peut être un manœuvre habile, c'est un cerveau dangereux.

Mais outre qu'elle est curable, la tuberculose est contagieuse ; cela est également établi d'une façon définitive.

Il s'en suit que cacher à un malade qu'il est tuberculeux, c'est manquer à son devoir envers lui, et aussi l'empêcher de remplir son devoir envers la société.

Nous ne considérons pas en effet que le médecin-praticien soit tenu, de par son diplôme à sauvegarder l'hygiène publique. Il doit à chacun des malades qui l'appellent ses soins et ses conseils ; mais une fois éclairé, ce malade a seul la responsabilité de ses actes.

Quand il s'agit de tuberculose le médecin doit, en causant avec son malade, s'informer de l'opinion que celui-ci s'est faite au sujet de cette maladie, réformer cette opinion, quand elle est erronée, ce qui est le cas le plus fréquent, puis, après plusieurs conversations de ce genre ; quand le médecin estime avoir fait partager ses idées à son client, il doit lui dire qu'il est un de ces cas curables mais dangereux pour son entourage, s'il ne prend pas de précautions.

C'est seulement en agissant ainsi qu'on peut amener un tuberculeux à se soigner et par suite à recouvrer la santé, et à prendre les précautions nécessaires pour ne pas transformer sa famille, ses amis, ses voisins en autant de malades vis-à-vis desquels une nouvelle lutte devra être entamée.

Que dirait-on d'un médecin qui, en présence d'un syphilitique en pleine période active, lui dissimulerait avec soin la nature de sa maladie, pour ne pas lui faire de peine, et le laisserait aller la propager inconsciemment ? Il ne se trouverait personne pour excuser une telle manière d'agir.

Le public traiterait ce médecin de malfaiteur et d'assassin. Les médecins se refuseraient à croire qu'aucun des leurs ait jamais commis une telle faute...

Pourquoi envisager la tuberculose à un point de vue si différent ?

N'est-elle pas tout aussi curable et tout aussi contagieuse que la syphilis ?

Et le malade auquel le médecin annonce qu'il est... avarié, n'a-t-il pas sujet d'en ressentir une forte émotion, tout aussi bien que celui auquel on apprend qu'il est tuberculeux.

Cependant nous voyons que les médecins qui traitent avec le plus d'esprit charitable les tuberculeux, ne leur avouant qu'avec mille précautions, une faible partie de la vérité qu'ils devraient enseigner toute entière, agissent au contraire vis-à-vis des syphilitiques avec une brutalité indigne de leurs caractères d'hommes de science.

C'est qu'avant d'avoir acquis un peu de cette science dont il ne lui reste souvent que le reflet pour le public et des noms dans la mémoire, le médecin a subi, comme tous les enfants de la bourgeoisie, l'empreinte de l'esprit clérical dont est infiltré le corps enseignant en redingote comme en soutane.

L'esprit clérical considère certaines maladies comme honteuses et ceux qui en sont atteints comme des gens ayant gravement péché. Ce péché est cependant pardonnable si le délinquant semble pénétré de honte et cache sa faute avec le plus grand soin. Peu importe sa santé et celle des autres personnes qu'il pourra contaminer, il faut avant tout éviter le scandale.

Mais l'homme qui ne croit pas avoir commis un

crime pour avoir eu des rapports avec une femme sans passer par le mariage, et qui, se voyant malade, a l'audace d'aller demander conseil à un médecin, celui-là est un révolté contre les lois de l'église, gardienne de la morale publique, on ne lui doit pas de charité ni même d'humanité.

Le médecin bien pensant l'examinera d'un coup d'œil et lui jettera avec mépris le nom de la maladie que la Providence lui a octroyée en punition de sa faute, sans s'inquiéter si, chez un homme ignorant de la gravité réelle de cette maladie, une telle déclaration n'entraînera pas un acte de désespoir.

Telle est la doctrine religieuse, telle est la mentalité de la foule qui a subi cette doctrine sans opposition venue d'aucune part, telle est encore celle de beaucoup d'hommes à esprit libéré et cultivé, mais chez lesquels les vestiges de l'éducation cléricale obscurcissent encore certaines notions.

Ce n'est que par l'expérience acquise de plusieurs cas où l'on a senti la nécessité de raisonner des actes et des tendances gouvernés inconsciemment par l'éducation imposée, que l'on peut être sûr de ne plus tomber dans l'ancienne erreur.

Donc le même esprit charitable veut qu'on traite avec mépris le syphilitique, avec douceur le tuberculeux, mais par l'un et l'autre moyen on favorise la propagation de ces deux maladies.

Nous avons montré dans un précédent ouvrage (1) que l'ignorance dans laquelle l'éducation cléricale

(1) *Education sexuelle*. Ollier-Henry, éditeur, 8, rue Casimir Delavigne. Paris.

veut qu'on élève les enfants au sujet des questions sexuelles favorise les tendances anormales, les désirs vicieux, les troubles de la santé générale et particulièrement ceux du système nerveux et enfin la dissémination des maladies vénériennes.

Le même esprit clérical continue son œuvre, incitant celui qui est atteint d'une de ces maladies à se cacher et le médecin à le traiter avec dureté et mépris.

Le résultat final est, pour les sociétés dans lesquelles règne un tel esprit une proportion de plus en plus grande de gens atteints par ces maladies.

La syphilis revêt, il est vrai, des formes de moins en moins graves à mesure que se constitue pour chaque personne une hérédité qui en soit moins indemne. Mais cette vaccination n'est acquise qu'au prix d'une diminution de vitalité du sujet, d'une dégénérescence de la race.

Nous reviendrons sur cette question en traitant des rapports de la Charité avec la Prostitution.

Nous venons de voir que traité, dans un esprit charitable, chez lui, par son médecin particulier, le tuberculeux ne se soignera pas sérieusement, parce qu'on ne l'aura pas averti de la gravité de sa maladie dénommée simple bronchite ou anémie; il continuera sa vie ordinaire, son travail tant qu'il en aura la force, car lui faire changer quelque chose à son existence serait risquer de lui faire entrevoir la vérité, et par suite lui causer de la peine; il conservera ses habitudes, ses plaisirs; on le poussera

même à jouir davantage de tous les agréments de
la vie qu'il peut se procurer, en matière de consolation.

En quelques années, souvent en quelques mois
d'un tel régime, le tuberculeux est réduit à l'état
d'un squelette incapable de se lever, mais qui tousse
et qui crache.

En dehors même du risque de contagion, cette
expectoration purulente inspire naturellement un
profond dégoût à l'entourage du malade, mais on le
dissimule par esprit de charité envers lui. La femme
n'ose pas abandonner le lit commun ; chaque nuit
elle supporte le contact de cette peau tantôt sèche et
brûlante, tantôt couverte d'une sueur froide et vis-
queuse ; chaque secousse de toux la remue en même
temps que le malade ; elle entend ces râles comme
s'ils se produisaient dans sa propre poitrine, parti-
cipe aux rêves érotiques ou heureux et aux cauchemars terrifiants, jusqu'au moment où un dernier
accès de toux fait de son mari un cadavre.

Et après chacune de ces nuits horribles au contact de ce moribond, il lui faut pendant la journée
entière, le soigner, obéir à ses moindres désirs, à
tous ses caprices, subir ses exigences sans fin, supporter, sans manifester le moindre mécontentement,
toutes les atroces petites méchancetés qui s'élaborent dans ce cerveau détraqué par la maladie.

Il est jaloux : il contrôle le temps que sa femme a
passé dehors pour faire les achats indispensables et
n'accorde pas à cette malheureuse un répit d'un
quart d'heure pour respirer de l'air frais et ne plus

entendre sa toux, ses plaintes et ses reproches. Il n'admet pas qu'elle se mette à la fenêtre pour humer quelques bouffées d'air, quand l'atmosphère de la chambre est par trop empesté. Car il ne veut pas qu'on ouvre la fenêtre : il craint avant tout le froid qu'il accuse d'avoir causé et d'entretenir sa maladie. Été comme hiver, chez lui, tout est clos. Le lit est entouré d'épais rideaux qu'on ferme la nuit, les portes et les fenêtres sont calfeutrées de bourrelets et doublées d'épaisses tentures qu'on entrouvre à peine pendant le jour pour laisser filtrer un peu de lumière et qu'on referme soigneusement la nuit. Le sol est recouvert d'un tapis fixe sur lequel s'accumulent des taches et débris de toutes sortes. La chambre est constamment chauffée, — non par un feu clair de bois brûlant dans la cheminée, mais pour éviter le courant d'air et aussi pour la commodité et l'économie, par l'inévitable appareil à combustion lente, ainsi nommé parce que lentement il consume le malade en l'intoxiquant. Malgré la température élevée obtenue par ce chauffage permanent et l'absence de déperdition de toute chaleur, le malade est vêtu comme pour résister à une température glaciale ; dans la journée, des gilets de tricot de laine, des vestons de molleton, une robe de chambre ouatée ou un gros pardessus. La tête est garnie d'un bonnet fourré et les pieds sont chaussés de pantoufles doublées de laine. La nuit il garde ses gilets de laine, et cependant il se couvre de couvertures et d'édredons. Comment éviterait-il ainsi les sueurs si fréquentes dans cette maladie ? Cela les provoque au contraire, comme cela provoque les cauchemars, la fièvre, l'absence de sommeil et d'appétit.

Une soif intense le dévore sans cesse ; il craint de boire froid et cependant la boisson chaude lui fait horreur ; cette constante opposition entre ses désirs et sa peur d'aggraver son mal se traduit en invectives contre sa malheureuse femme sur laquelle se répercute chacun de ses malaises.

Il exige qu'elle seule s'occupe toujours de lui et rien que de lui C'est elle qui doit se précipiter pour le soutenir quand un interminable accès de toux le jette pantelant et presque asphyxié, la tête hors du lit, la face convulsée, l'écume sanglante à la bouche. Et quand il revient peu à peu de cette crise qui semble chaque fois devoir être fatale, sa femme l'embrasse, le console, le dorlote comme un enfant, et n'a comme récompense que cette parole accompagnée d'un regard aigre : « Non, ce n'est pas encore cette fois que tu es débarrassée de moi. »

Il ne faut cependant pas qu'elle pleure ; ou bien il l'accuse de souffrir à cause de lui et lui dit qu'il n'y en a pas pour longtemps ; que, d'ailleurs, si elle en a assez, elle peut l'abandonner à des étrangers et jouir de suite de sa liberté, ou bien il pense qu'il est plus malade, que le médecin a dû lui déclarer la fin imminente et les larmes de sa femme déterminent chez lui une crise de désespoir comme en ont les faibles, les lâches. Il crie qu'il ne veut pas mourir, qu'il fera tout ce qu'on voudra, prendra tout ce qu'on lui dira, qu'il doit y avoir un moyen d'éviter de mourir.

Son médecin ne lui fait rien, il le considère comme perdu et ne vient le voir que pour toucher le prix d'une visite. Mais il en appellera d'autres, il ira voir ou fera venir le Docteur X.. que lui a recommandé Madame une telle, ou le Professeur célèbre dont on racontait la semaine passée les pseudo-découvertes dans les journaux à réclames. Et puis si ceux-là ne le guérissent pas, c'est que la médecine c'est de la blague et les médecins des farceurs qui font semblant d'étudier dans les livres et dissimulent leur ignorance en se servant de noms incompréhensibles pour le vulgaire. Mais pourquoi ne ferait-il pas demander avis à la somnambule extra-lucide qui a guéri telle personne du cancer, aussi aisément qu'elle a fait retrouver à une autre personne un objet perdu et qu'elle a annoncé à une dame au début de sa grossesse qu'elle aurait un garçon.

C'est avec ces projets que le malade se console et il les met à exécution de suite ou après un nouvel accès de désespoir.

La malheureuse femme n'ose en rien le contre-carrer, ne voulant aucunement lui faire de la peine. Ne lui amène-t-elle pas ses enfants l'embrasser et jouer quelques instants en leur recommandant de ne pas faire la grimace s'ils trouvent que la chambre sent mauvais et que papa a une mauvaise haleine. Elle ne se doute pas, la malheureuse, qu'après le sacrifice de sa santé et peut-être de sa vie qu'elle fait chaque jour, chaque minute, à son mari, elle lui sacrifie encore ses enfants.

Elle ne sait pas cela, parce qu'on ne lui a pas dit. On lui a caché la plus grande partie de la vérité, à elle aussi, par charité pour ne pas lui faire de peine. Et puis, aurait-elle pu prendre les mesures nécessaires pour prévenir la contagion ?

Elle n'a jamais songé à ne pas soigner elle-même son mari, à le confier à des étrangers, le mettre dans une maison de santé ; le seul fait d'en parler au malade l'aurait tué sur le coup, ou l'aurait amené au suicide.

Alors si la femme reste auprès du mari sans rien changer à leur intérieur, comment et sous quel prétexte éloigner les enfants ? La mère ne pourrait se résigner à ne plus les voir. Eux seuls la consolent, la reposent et la soutiennent dans ce terrible labeur qui épuise toutes ses forces et toute son énergie. C'est le père de ses enfants qu'elle considère uniquement dans cet homme déchu, ruiné par la maladie. C'est pour eux, pour faire tout son devoir envers eux qu'elle se soumet à toutes ses exigences. Et elle ne les aurait pas auprès d'elle pour recueillir à chaque instant, par leur seule vue, la récompense de son martyre ! C'est impossible.

D'ailleurs, le malade veut garder près de lui ses enfants. Pourquoi les emmènerait-on ? Il n'est pas malade à mourir. Il a un chaud et froid, un rhume négligé, lui ont dit tous les médecins. Il lui faut de la tranquillité, de la chaleur et voilà tout.

Aussi les enfants seront bien sages, ils ne feront pas de bruit pour ne pas gêner papa et se conduiront bien pour qu'on n'ait pas à les surveiller.

Les pauvres petits passent ainsi à la maison tout leur temps enfermés dans leur chambre en jouant sans bruit à des jeux tranquilles. Ils parlent à voix basse, marchent sur la pointe des pieds, ne remuent qu'avec précaution et si par malheur, ils s'oublient à rire ou par mégarde laissent tomber un objet, ils volent accourir la mère effarée qui les gronde ou les supplie de ne pas recommencer ; ce bruit ayant déterminé une colère terrible et dangereuse chez le malade.

Il dormait, épuisé par un long accès de toux, et justement ce bruit l'a réveillé, a provoqué un nouvel accès. Et il pleure, il se lamente. disant qu'il vaudrait mieux être dans un hôpital que dans sa propre maison, si on ne peut pas s'y reposer un instant. Il voit bien qu'il ne compte pour rien, on ne se prive à cause de lui ni de rire, ni de jouer, comme si son malheur laissait tout le monde indifférent même dans sa propre famille.

Et cependant la vérité est que tout est désorganisé à cause du malade. Il n'y a plus d'heures de repas régulières : on mange ce qu'on peut, comme on peut, et quand on peut.

La mère, qui ne quitte son malade que quelques minutes pour prendre en hâte quelques aliments est obligée de s'en remettre complètement à une autre personne du soin de ses enfants. C'est plus ou moins bien préparé, froid ou trop cuit, parce qu'au moment du repas, il a fallu tout abandonner pour accourir à un appel du malade. Ces enfants, qui ne sortant pas et ne jouant pas à des jeux violents, n'ont pas d'appétit, trouvent la nourriture mauvaise, ne mangent pas et ne se nourrissent que de pain. Ils sont tristes et malheureux aussi, de la tristesse de leur mère et du malheur qui déjà règne dans cette maison où l'on n'entend que des plaintes et des accès de toux.

Quelquefois le malade a des besoins subits de tendresse : il faut lui amener les enfants. Il les prend sur son lit, les serre contre sa poitrine et les couvre de baisers en pleurant mais cet effort détermine une quinte de toux sans fin. On emmène en hâte les enfants pendant qu'on essaie de ranimer le malade défaillant.

Les journées s'écoulent ainsi toutes semblables les unes aux autres, jusqu'au moment, souvent éloigné de plusieurs mois et même de plusieurs années où la mort du malade amène enfin la délivrance de toute la famille.

Souvent le mal est déjà fait. La mère épuisée par ses veilles, ses soucis, son chagrin, sa privation de nourriture, et surtout d'air pur, après des mois de perpétuel contact avec le tuberculeux qui ne prend aucune précaution de préservation, la mère est déjà atteinte, elle n'a pu que difficilement remplir sa tâche jusqu'au bout et quand on enterre son mari, elle est déjà alitée. Une personne de sa famille, sa mère ou sa sœur se dévouera à remplir auprès d'elle le rôle charitable qu'elle a rempli vis-à-vis de son mari. C'est-à-dire veillera à ce qu'elle n'ait jamais froid et à ce qu'il ne pénètre pas d'air dans la chambre, à ce qu'on lui donne les tisanes et médicaments prescrits aux heures indiquées, et la consolera par de bonnes paroles et des caresses affectueuses. Il a fallu des années pour user la résistance du père de famille, issu d'une race de gens forts, victime seulement d'un accident et de surmenage : cohabitation dans le même bureau avec un collègue tuberculeux au moment où lui-même passait la moitié des nuits blanches, tantôt pour faire du travail supplémentaire qui augmenterait un peu le bien-être de sa famille, tantôt pour procurer à sa femme un peu d'agrément en la menant au bal ou au théâtre. Et comme ils n'avaient pas le moyen de prendre des fiacres, c'était au retour l'attente pénible, interminable d'un de ces omnibus grâce auxquels les Parisiens ont l'illusion de posséder des moyens de transports en commun. Et c'était l'hiver, dans la boue glacée, sous la neige, avec la bise froide pénétrant à travers les vêtements de soirée, au sortir d'une salle surchauffée où l'on avait passé plusieurs heures dans un air peu à peu vicié, qu'il fallait, sur un trottoir, sans abri, voir passer des omnibus complets ou lutter avec ses voisins pour trouver une place dans un véhicule où l'on continuait à grelotter tout en respirant une atmosphère infectée.

Plus d'une heure s'écoulait après la sortie du bal ou du spectacle avant qu'on puisse se retrouver chez soi; le feu était éteint, on se déshabillait en hâte dans la chambre froide pour ne se réchauffer qu'au lit et bien difficilement. Le sommeil tardait à venir, les nerfs étant encore excités par le spectacle, le plaisir et le champagne ; quand on parvenait à dormir enfin, alors c'était en rêve que se continuait le travail du cerveau. Puis brusquement, c'est le réveil, la femme qui s'est forcée de résister au sommeil pour pouvoir réveiller son mari à l'heure du bureau.

Il se lève, à la dernière minute, dans une lutte atroce entre le besoin impérieux de sommeil qui le terrasse même debout, même en marchant et la crainte de ne pas arriver à l'heure, il avale d'un trait du café très fort et puis c'est la galopade à travers la chambre, à la recherche d'effets jetés n'importe où, sous les jupes de femme et les sorties de bal. La toilette est plus que sommaire, on ne prend pas le temps de nettoyer avec soin la bouche où se sont amassés tant de germes dans une journée partagée entre un bureau des omnibus et une salle de spectacle.

Une fois au bureau la routine reprend l'employé, il fait son travail comme d'habitude, mais la fatigue reparaît dès que la besogne cesse à l'heure du repas de midi. Il n'y tient plus, il préfère dormir que manger, et c'est, abruti de sommeil, en retard, qu'il reprend sa besogne de l'après-midi jusqu'au soir où une absinthe corsée le remet tout à fait, lui permet de bien dîner et de passer s'il le faut une nouvelle nuit blanche.

C'est avec cette existence que notre parisien a pu user les forces vitales accumulées par des générations d'Auvergnats ou de Savoyards ses ancêtres qui ont toujours vécu à l'air libre et dormi leur content.

C'est ainsi qu'il a diminué peu à peu la résistance d'un organisme développé dans les travaux rudes de la campagne et les courses à travers champs, grâce auxquels la poitrine s'élargit, l'oxygène afflue aux poumons, la circulation se fait rapide, tous les tissus sont bien nourris.

Voilà pourquoi il lui a fallu plusieurs années d'une vie contre nature pour arriver à se rendre malade et ensuite plusieurs années de mauvaise hygiène pour en mourir.

Mais sa femme, est plus faible, soit parce qu'elle est née de parents déjà établis à la ville, soit surtout parce qu'elle a été élevée en pension. Sa jeunesse s'est passée dans un cloître où toute expansion des membres et du cerveau est soigneusement réprimée, où la vie est endiguée, déformée, dissimulée comme la nonne dissimule sous son ridicule costume son corps et son visage de femme souvent agréables.

Grâce à cette bonne éducation, la jeune fille mal développée, anémique, souffreteuse, a toujours eu des règles difficiles et douloureuses. Devenue jeune femme, ses couches l'ont beaucoup fatiguée, et elle n'a pu nourrir elle-même ses enfants, qu'elle n'a pas voulu cependant confier à une nourrice et qu'elle a alimentés de lait stérilisé suivant la méthode la plus minutieuse.

Aux fatigues multiples d'une maison à tenir, d'enfants de divers âges à élever, de devoirs de société à remplir sans renoncer à tout plaisir, quand le mari malade vient ajouter un énorme surcroît de besogne et une cause grave de soucis, la malheureuse mère de famille doit puiser dans son énergie la force de suffire à cette tâche, mais il lui manque la faculté de dormir n'importe où, l'appétit suffisant pour manger n'importe quoi, et l'estomac qui digère tout. Faute de cela, elle épuise vite ses dernières ressources et la contamination se fait d'autant plus aisément qu'elle n'a pas plus que son malade la moindre notion du danger et des moyens à y opposer.

Chez elle la tuberculose revêt une forme rapide, presque aiguë ; l'extension dans les poumons se fait de jour en jour, la malade s'affaiblit à vue d'œil.

Elle ne se fait elle-même aucune illusion. Alors un immense désespoir la saisit à l'idée des enfants abandonnés seuls, dans l'existence, alors que l'aîné a une douzaine d'années et que le dernier n'a pas un an.

Imbue de l'éducation religieuse, elle fait un examen de conscience approfondi pour découvrir quelle faute Dieu punit en frappant ainsi sa famille. Elle a toujours vécu comme tous les gens de sa classe sociale et de son entourage, pratiquant quand elle avait le temps, convaincue de la nécessité d'avoir une foi religieuse comme on a un jour de réception et suivant aveuglément les préceptes de ses parents, des religieuses qui l'ont élevée et de son directeur de conscience.

Celui-ci lui ouvre maintenant des horizons nouveaux. Depuis que son mari est malade, elle a ressenti le besoin de puiser une consolation et des forces dans l'ardeur mystique que donne la foi religieuse ; elle s'est abîmée en prières, en méditations ; elle a cherché une sauvegarde miraculeuse contre la mort menaçante. Son mari l'encourageait dans cette voie vers le pardon céleste espérant être le premier à en bénéficier et par les prières touchantes de sa femme pouvoir bientôt se passer de tisane, de potions et de médecin. *Tanta est ignorantium stultitia.*

Puis, quand la somnambule extra-lucide eut été consultée sans bénéfice, on songea à Saint-Antoine de Padoue dont le culte a habilement détourné au profit de l'Eglise les offrandes aux fétiches païens.

Nombreux étaient les cas de guérisons miraculeuses accordées par le tout-puissant Saint, quand il n'était pas trop occupé à faire recevoir quelque cancre au baccalauréat, ou à marier un laideron, ou à restituer dans son intégralité la virginité d'une jeune fille ayant reçu un léger accroc.

Le tout était d'y mettre le prix convenable. Pour éviter à cet égard tout embarras aux fidèles, les caissiers du grand Saint-Antoine ont des intermédiaires discrets, dans ces vieilles filles qui passent leur vie à l'Eglise, font partie d'une archiconfrérie, affichent une foi plus rigide que les professionnels mêmes de la religion, et finalement trouvent mieux que ceux-ci le moyen d'en vivre sans rien faire.

Ce sont ces personnes neutres, courtiers marrons des marchands d'indulgences, qui sont chargées en causant avec les concierges, ou les bonnes, ou les fournisseurs, de répandre dans le public le tarif d'usage.

Il faut bien qu'on sache en effet que si pour 40 sous ou 3 francs, une domestique sans place peut obtenir de Saint-Antoine une bonne maison bourgeoise, il ne faut pas hésiter à mettre 20, 30 ou 50 francs si l'on veut avoir une place de jardinier à l'année dans une propriété que les patrons n'habitent que deux mois ; il faut cent francs au moins pour appuyer une demande à une place du gouvernement.

De même pour la santé, il y a des nuances — tel malade avait payé sa guérison au Saint cent francs — mais ça n'a pas suffi, parce qu'il était atteint de la poitrine et quand la poitrine est touchée tant soit peu, c'est la forte somme qui est nécessaire pour que le Saint vous tire de ce mauvais pas.

Pensez donc — une telle maladie, qui, de l'avis unanime, ne pardonne jamais — est toujours une punition du ciel entré en fureur par une faute grave commise par le malade, ou que la Divinité vengeresse trouve bon de faire expier par lui, bien qu'elle ait été commise par des personnes de sa famille ou de son entourage.

Cette répression sur un innocent des fautes possibles commises par quelqu'un des siens ne pourrait évoquer dans tout cerveau sain et quelque peu cultivé que la fable du Loup et l'Agneau du bon Lafontaine.

Mais les prêtres sont là pour appuyer ces racontars de concierges de l'autorité de leur parole, de la souplesse de leur dialectique, de l'évocation de l'Enfer et autres moyens de frapper l'imagination des faibles, afin d'empêcher tout raisonnement et d'utiliser l'incommensurable lâcheté humaine.

C'est ce qui se produit pour la jeune mère malade.

Tant que son mari a vécu, malgré le réveil de religion surexcité chez lui par l'affaiblissement cérébral et chez elle par la douleur et le désarroi mental, malgré cela, une sorte de fierté bourgeoise les retenait de se livrer au culte de Saint-Antoine qui draine si copieusement tous les sous des petites gens.

Il répugnait au locataire du quatrième d'aller faire queue parmi les solliciteurs du Saint avec son concierge venu lui demander son chat qui avait brusquement disparu.

Mais après la mort de son mari, la jeune veuve descend un échelon de plus dans l'obscurité intellectuelle favorable à toutes les pratiques religieuses.

Elle s'était toujours reposée sur la puissance que doivent avoir les médecins de guérir les maladies comme le percepteur est chargé de recouvrer les impôts, comme un menuisier doit savoir fabriquer un meuble.

Dès le moment que les médecins n'ont pas rempli, vis-à-vis de son mari la fonction pour laquelle ils ont été institués, il faut reconnaître que ce sont des farceurs, des charlatans, ou bien que son mari faisait partie du groupe de ceux que le ciel a marqués d'avance comme destinés à servir de leçon, et a sacrifiés à ses impénétrables desseins.

Telle est la croyance qui s'établit bientôt dans son esprit. Tout l'y encourage. Le médecin lui-même qui la soigne, après avoir soigné son mari a compris qu'il était préférable dans le dilemme qui se posait à l'esprit de sa cliente, d'invoquer la colère du Tout-puissant plutôt que de laisser admettre l'incapacité des médecins.

Pas une voix ne s'est élevée pour lui ouvrir les yeux sur la réalité toute différente.

Une seule fois cependant, elle entendit un autre langage, on s'était décidé à faire venir, en cachette du médecin habituel, le médecin d'une amie qui l'avait chaudement recommandé. Après examen du malade, des ordonnances, de l'appartement, il se retira sans rien dire, mais pria la jeune femme de passer le voir dans son cabinet.

Là, après s'être enquis de l'opinion qu'elle se faisait de la maladie de son mari, il essaya de l'éclairer peu à peu sur sa nature, la gravité de la contagion et en revanche la possibilité de la guérison. Mais il y avait tout à changer : ouvrir toutes grandes les fenêtres hermétiquement closes, supprimer rideaux, tapis, tentures ; exiger l'usage du crachoir, écarter les enfants, enfin, transporter la malade à la campagne, même pendant la saison froide.

De tels conseils plongeaient la jeune femme dans un ahurissement absolu ; elle se demandait si on lui parlait ironiquement, si elle rêvait, si par hasard ce médecin là était seul sérieux ; tous les autres étant alors des ignorants, puisque jusqu'ici tous avaient été d'accord pour approuver la conduite suivie.

La voyant ébranlée, ce médecin insiste, désirant sauver au moins les enfants qu'il voit directement menacés. Il essaie d'opposer à son dévouement charitable au mari malade son devoir précis de sauvegarder la vie de ses enfants et sa vie à elle-même qui leur est nécessaire. Enfin il ose dire que désormais son mari est perdu et qu'il vaudrait mieux abandonner à des mercenaires le soin de ce moribond vis-à-vis duquel on ne peut rien, et consacrer tout son effort à se soigner elle-même qui paraît déjà bien fatiguée sinon déjà malade et à fortifier ses enfants anémiés par une longue séquestration. Mais la voyant révoltée par l'idée d'abandonner son mari à la veille de sa mort, il propose une solution moins cruelle : écarter les enfants dont la présence fatigue le malade, les envoyer chez un parent ou dans une maison amie, d'où ils pourront venir voir leur père quand il les demandera, puis obtenir du malade à force de patiente ténacité qu'il ne crache pas n'importe où, qu'il ouvre ses fenêtres et accorde à sa femme les quelques heures de liberté quotidienne nécessaires à toute garde-malade.

De cette entrevue avec un médecin qui lui ouvrait un point de vue tout nouveau, qui citait des faits dont elle n'avait jamais entendu parler, qui faisait appel à sa raison et à son devoir plutôt qu'à son bon cœur et à ses sentiments charitables, la pauvre femme sort troublée, comme étourdie.

Rentrée chez elle, elle retrouve son milieu habituel, les conversations, les impressions qui ont toujours déterminé sa conduite.

Elle se remet à sa besogne, et les conseils qu'elle a reçus laissent dans son souvenir un frisson d'effroi, comme lorsqu'on vient d'échapper à un péril.

Quel réconfort au contraire elle reçoit des paroles onctueuses de son confesseur. Elle a pris, depuis qu'elle est malade, un nouveau directeur de cons-. cience, un de ces moines, qui, obligés par les persécutions gouvernementales à quitter leur couvent et l'habit de leur ordre, se mélangent au public à peu près comme un policier en civil se confond dans la foule. Leur rôle consiste principalement à recueillir des fonds de toutes les bourses et par tous les moyens possibles.

Il est bien entendu qu'en exigeant des congrégations l'obéissance aux lois, le gouvernement républicain a déclaré la guerre à l'Eglise.

Il faut donc que l'Eglise se prépare à combattre, et comme chacun sait que l'argent est le nerf de la guerre, l'Eglise doit tirer des fidèles tout l'argent que peut extorquer à l'esprit d'épargne la vanité, la lâcheté ou l'ambition, d'autant que comme ces fidèles sont en même temps des contribuables, en les appauvrissant, l'Eglise leur fait ressentir plus vivement les charges que l'Etat fait peser sur eux.

Les gens sensés leur disent bien que ces impôts ne sont que la quote-part payée par chacun pour que l'enfant aille gratuitement à l'école, reçoive gratuitement des livres, et poursuive même plus loin son instruction, pour que l'ouvrier grâce au travail duquel, lui, le gros contribuable a amassé des rentes, puisse vieillir et mourir en paix, pour que la justice soit juste pour tous et pour qu'enfin l'inégalité sociale ne soit pas tellement flagrante que les plus mal partagés se révoltent et fassent valoir par la force leurs droits, mais le contribuable endoctriné par l'Eglise est fermé à ces conceptions.

L'école sans Dieu, il ne veut pas contribuer à cette institution diabolique, il a pour ses enfants l'école des bonnes sœurs et des bons frères auxquels il donne le plus qu'il peut et trouve révoltant qu'on le force à payer en outre pour sa concurrente qu'il réprouve.

Les ouvriers sont malheureux, mais parce qu'ils sont incroyants. Ils n'ont qu'à se réfugier dans le sein de l'Église qui leur procurera en échange de quelques misères passagères en cette courte vie une félicité sans bornes dans la vie éternelle.

Si, au contraire, ils sont rebelles à cette combinaison, c'est que Satan les possède et dès lors, il n'y a pas à s'occuper de justice et de droits ; il n'y a qu'à les fusiller, et heureusement l'armée est là, soutien fidèle de l'Église, symbolisée par le Grand Saint-Michel armé de son glaive qui se chargera bien de mettre à la raison les fauteurs de guerre sociale, les communards, la racaille des faubourgs, les anarchistes, les francs-maçons, les juifs.

Tels sont les clients fidèles du clergé, telles sont les opinions que celui-ci essaie de propager dans la foule, tels sont les arguments que développent les décongréganisés devenus des militants chargés d'organiser la lutte.

Vis-à-vis des femmes, leurs procédés et leurs moyens d'action sont différents.

Pour les convaincre que le Clergé défend la bonne cause et les décider à lutter pour elle, les raisonnements sont inutiles et les confesseurs habitués par profession à étudier tous les sentiments féminins

ne perdent pas leur temps à raisonner leurs pénitentes.

Ils agissent sur les sentiments d'égoïsme plus ou
moins développés et affinés suivant les personnes :
à la vieille fille, à la veuve vivant solitaire, sans
famille, sans amis, sans attache en ce monde,
n'ayant d'autre plaisir que de faire du mal en colpor-
tant des mensonges et des calomnies et économisant
sur ses revenus quelques modestes qu'ils soient par
avarice invétérée, à ces êtres inutiles et funestes à
la société, l'Eglise fait sentir tous leurs torts qu'elle
dénomme péchés; mais, bien loin de les porter à ne
plus les commettre, elle conclut avec elles un marché : moyennant l'abandon à l'Eglise de la plus
grande partie possible du bien qu'ont acquis ces
femmes souvent par rapines, chantage, prostitution,
proxénétisme ou autres moyens aussi honorables,
l'Eglise leur fait remise de leurs péchés et leur
attribue une place choisie dans le Paradis.

L'idée, pour une concierge, qu'elle se retrouvera
après sa mort, pour la vie éternelle dans les Champs
Elyséens, habillée comme la locataire du premier et
sur un pied d'égalité avec elle, suffit généralement
pour lui faire délier aussitôt les cordons de sa
bourse.

Mais en cas d'hésitation, il suffit de lui dire que
pareil bonheur sera refusé à sa meilleure amie, la
concierge d'à côté, pour que la joie du malheur
futur de celle-ci excite au plus haut point sa géné-
rosité.

Enfin l'Eglise n'a pas pour elle que des croyants

et ses meilleurs clients ne sont pas des gens pénétrés par la foi.

Tous les hommes d'affaires louches, les chevaliers d'industrie, les femmes exerçant des métiers inavouables, tous ceux qui exploitent la société sans participer aux charges, qui se savent journellement exposés aux rigueurs du code et jouissant de la réprobation ou tout au moins de la méfiance du public, tous ces gens de mauvaises mœurs et de mauvaise vie trouvent dans l'Eglise un lieu d'asile contre les gendarmes, une couverture pour leurs opérations louches, et un répondant qui leur assure la considération du public.

Si bien que cette toute-puissante protection cléricale une fois acquise, un banquier peut doubler le chiffre de ses affaires, un escroc peut se promener la tête haute et les mains dans les poches de ses voisins, une femme du demi-monde est reçue dans le grand monde où elle racole sans danger et augmente ses tarifs.

Il suffit pour obtenir ces immenses avantages de payer à l'Eglise qui vous commandite moralement, une sérieuse commission.

Ainsi l'argent du vol et de la prostitution, de l'exploitation des faibles d'esprit ou des malheureux est la principale ressource qui permette à l'Eglise de soutenir le bon combat pour Dieu, pour la Liberté, pour l'Honneur de l'armée et la Grandeur de la France.

En sorte que la France serait perdue, l'armée déshonorée, et Dieu jeté à bas de son trône, s'il arrivait un jour qu'il n'y eut plus de prostitution, de voleurs et de trafiquants malhonnêtes. On comprend que l'Église veille avec un soin jaloux à empêcher une si redoutable catastrophe.

Nous croyons nos lecteurs trop éclairés sur les intrigues du clergé pour qu'il soit nécessaire d'étayer ces réflexions de nombreux faits. Il suffit pour en recueillir, de parcourir la rubrique *Tribunaux* des quotidiens.

Le chanoine Rosemberg y suit l'abbé Santol, lequel y coudoie Monseigneur Guérin et ceux-là figurent parmi les clients du Palais de Justice parce qu'ils ont été assez mal-droits pour se faire prendre sur le fait ou assez éblouis de leurs succès pour négliger de payer à leur associée, l'Eglise, la commission convenue. C'est pourquoi celle-ci les a abandonnés à la vindicte publique.

Mais aussi longtemps qu'il restera fidèle à ses engagements, un trafiquant peut, sous la protection de l'Eglise, dépouiller impunément ses concitoyens. Aucune dénonciation, aucun scandale ne pourront provoquer contre lui ni mouvement public ni action judiciaire.

Il est sacré, et en sûreté. Si, par extraordinaire, un magistrat osait, aux dépens de son avenir, accomplir son devoir contre les ordres du clergé, celui-ci saurait tout au moins prévenir à temps son associé et le faire filer à l'étranger où il jouirait en paix du produit de ses rapines.

Quand les journaux clérico-nationalistes lancèrent la proposition de retirer l'argent des caisses d'épargne, on n'y vit généralement qu'une bravade et une menace sans conséquence.

C'était toute autre chose.

Pour savoir ce qui se cachait sous cette tactique, il faut lire les petits journaux réactionnaires de province et particulièrement dans les pays les plus arriérés et partant les plus cléricaux.

Au moment où les organes du patriotisme Coppée et Lemaitre conseillaient à tous les bons Français d'acculer la France à la banqueroute en ne confiant plus d'argent à l'Etat, les folliculaires de Bretagne imprimaient à toutes leurs pages : Chrétiens, ne confiez votre épargne qu'à des maisons chrétiennes. En la portant aux caisses publiques, vous ne savez pas quel usage en sera fait, c'est pour soutenir la guerre aux religieuses que le gouvernement se sert de votre argent. C'est pour payer des Juifs qui insultent dans des journaux à sa solde tout ce que vous aimez, tout ce que vous respectez, votre vieille Bretagne, avec ses costumes, sa langue, sa foi, votre armée, l'honneur et la défense de la nation, vos prêtres qui vous ont baptisés, vous ont instruits et vous assisteront à l'heure de la mort pour que vous trouviez au ciel la récompense d'avoir bien vécu.

Voilà ce qu'on fait avec l'argent que vous avez amassé sou à sou par votre travail. Et comme un tel gouvernement ne peut durer longtemps, c'est la Révolution qui menace de tout engloutir, le gouvernement et les caisses d'épargne.

Que faire de votre argent ?

Le remettre à M. X., telle rue, chevalier de la Croix, etc., directeur de la Banque chrétienne de Bretagne, maison qui refuse toute affaire avec les Juifs et les Francs-Maçons.

Cette idée d'un banquier exigeant que le client venu pour vendre ou acheter une obligation ou placer des fonds en compte-courant, fasse d'abord la preuve immédiate qu'il n'est ni juif ni franc-maçon paraît à des lecteurs parisiens une géniale trouvaille d'Alphonse Allais et mériterait d'être mise au théâtre par Courteline, si la censure l'autorisait. L'idée a eu également un énorme succès en Bretagne, mais non plus un succès de rire malheureusement.

Ces pauvres êtres sont habitués dès l'enfance à écouter et à répéter des mots qu'ils ne comprennent pas.

Leurs prêtres refusent énergiquement de prêcher et de faire apprendre le catéchisme en français, mais ils font réciter aux enfants leurs prières en latin !

Les fidèles ne distinguent pas dans ce que leur dit le curé, ce qui a trait aux rapports du prêtre avec la divinité dont il est le représentant seul visible et ce qui se rapporte aux choses de ce monde où le curé n'est qu'un modeste fonctionnaire prenant place au point de vue de l'appréciation pécuniaire entre le porteur des contraintes et le facteur des Postes et Télégraphes.

Le fidèle croit tout ce que lui dit son curé : il le croit complètement ; quand il lui raconte que là-haut, derrière l'immensité azurée des ciels clairs d'été, Jésus-Christ est là qui le regarde, lui, pauvre paysan breton, prêt à le récompenser s'il suit fidèlement les conseils de son curé ; à le punir en lui donnant une mauvaise récolte ou en faisant périr sa vache ou en le faisant tromper par sa femme, s'il n'obéit pas servilement au curé.

Le paysan croit de même à la parole infaillible du curé quand il lui dit d'aller voter pour le nobliot — candidat réactionnaire, que, personnellement il déteste, — mais qu'on lui affirme nécessaire pour empêcher la persécution des curés et la révolution dont lui-même serait victime.

Le paysan croit toujours le curé quand il lui dit de retirer son argent de la caisse d'épargne, parce que le gouvernement est composé de voleurs, et de le confier à des banques qui ne font d'affaires ni avec les juifs, ni avec les franc-maçons.

Le résultat tangible de cette campagne a été l'éclosion brusque d'une demi-douzaine de banques à titres patriotiques et retentissants dans les principales villes de Bretagne et la disparition non moins brusque au bout de quelques mois des directeurs de ces banques partis à l'étranger sans doute pour faire fructifier davantage l'argent de leurs commettants, mais ayant négligé de laisser leur adresse.

Ainsi se trouvent ruinés des vieillards ayant constitué avec peine pendant toute une existence de périlleux travail le petit capital assurant leur retraite : capitaines au long cours, vieux maîtres de marine, petits commerçants ayant cédé leurs fonds, clientèle autrefois des notaires bien pensants qui eux aussi les ont tant de fois volés, aujourd'hui victimes des banques clérico-nationalistes, et demain d'une autre organisation tant qu'ils suivront aveuglément les conseils des curés.

Nous voyons ainsi que tantôt par un procédé, tantôt par un autre, le prêtre s'arrange finalement pour faire ouvrir la bourse des gens auxquels il s'adresse. C'est à elle seule qu'il vise et c'est la caractéristique de l'Eglise de notre époque comparée à celle des anciens âges.

Autrefois le but était de propager la foi par le moyen même des pires violences, maintenant le but est d'extorquer l'argent en se gardant bien de faire crier.

Dans notre société moderne où tout ce qu'il y a de solide, de durable, de respectable s'appuie sur la raison humaine, le respect du libre arbitre, et la reconnaissance du droit qu'a chacun de faire ce qui lui plaît, l'Eglise apparaît au contraire quêteuse, intrigante, insinuante, sollicitant la protection de l'un en échange de l'aumône de l'autre, pesant sur les décisions de tous, et promettant toujours des trésors en échange de quelques sous.

La comparaison se présente à l'esprit avec le camelot qui vient interrompre notre conversation, notre lecture, nos réflexions, pour nous imposer par ses importunes sollicitations le moyen infaillible de détruire les cors ou de faire disparaître les taches.

Du camelot on se débarrasse avec deux sous et, somme toute, il vend quelque chose, tandis que le prêtre est tenace là où il a senti de l'argent, il ne se

laissera pas aisément écarter, si on le met à la porte ;
il rentre par la fenêtre. Expulsé du salon, il se tien-
dra dans l'antichambre où il soudoiera les domestiques et par là pénétrera souvent dans la chambre
à coucher.

Et cependant il ne donne en échange de l'argent
qu'il sollicite que du ciel... c'est-à-dire du vent.

Mais ce rien est tout pour les imaginations exal-
tées et viciées des personnes faibles d'esprit qui
ont reçu une éducation cléricale. Pendant toute leur
existence, elles resteront soumises à la direction du
prêtre dans leurs sentiments, leurs pensées et toutes
leurs actions même les moindres. Ainsi font les
femmes. L'Eglise qui n'a pu continuer à imposer
l'absurdité de ses affirmations à la critique de plus
en plus éclairée de la raison de l'homme devenu
adulte avec les siècles, a su, par une habile et
patiente transformation, maintenir le cerveau de la
femme dans un état infantile favorable à toutes les
suggestions.

Comment elle s'y prend, nous l'avons indiqué
dans des ouvrages précédents (1) où en étudiant le
développement de l'être humain depuis sa naissance jusqu'à l'âge nubile, nous avons vu la contrainte de l'éducation cléricale s'opposer perpétuellement à l'évolution normale de l'enfant et de l'ado-
lescent.

Si nous nous reportons aux différents chapitres
de ces ouvrages et si nous en faisons l'application

____

(1) V° D' H. Fischer. *Puériculture. De l'Education. Education
Sexuelle.*

à la jeune femme que nous en avons ici choisie comme un exemple typique des malheureux résultats qu'entraîne la charité ignorante dans une famille atteinte d'une maladie contagieuse, il nous sera facile d'être pleinement éclairé sur la mentalité de cette pauvre femme.

Née petite et débile, de parents fatigués par un labeur trop rude et une mauvaise hygiène, l'enfant n'a pu être allaitée par sa mère retenue à son comptoir, se croyant trop faible, et persuadée qu'une nourrice ne doit pas abandonner un instant l'enfant qu'elle allaite, prête à lui donner le sein au premier cri et à tout réveil. Ne voulant cependant pas confier son enfant à des salariés, la mère l'a gardée dans son logement pourtant déjà étroit et que viennent empuantir les couches et les langes sales.

Elle l'a nourrie au biberon avec des précautions de propreté méticuleuse pour les biberons et les récipients servant à chauffer le lait ; mais de cette propreté qui consiste à essuyer avec un torchon ayant déjà maintes fois servi un récipient qu'on vient de passer à l'eau bouillante ou à tremper son doigt dans le liquide pour apprécier s'il n'est pas trop chaud.

La mère a aussi écouté les conseils du médecin et a réglé les prises de lait de son enfant.

Du moins elle l'affirme et elle le croit ; mais elle ne considère pas comme une infraction à la règle, de laisser l'enfant dormir quatre heures de suite, de lui donner ensuite deux biberons à une heure d'intervalle, ou deux ou trois dans la nuit si elle crie, autrement dit elle donne des biberons à intervalles réguliers, sauf si l'enfant dort ou si elle crie.

Sous ces influences réunies : constitution héréditairement faible, insuffisance d'air pur, lait animal difficilement assimilable, pas toujours exempt de germes, et surtout donné sans maintenir les proportions, en quantités et en fréquence convenables, l'enfant n'a pas cessé d'être malade pendant toute sa première année.

Dès le début, elle avait le hoquet, des vomissements après chaque biberon, puis elle pâlissait soudain, poussait des cris aigus et ininterrompus.

Les parents disaient : comme elle est méchante, cette petite ! Les voisins impatientés criaient à travers la cloison : donnez-lui donc à boire, à votre sale gosse, qu'elle nous fiche la paix ! Et on lui donnait à boire, et l'enfant après quelques minutes de satisfaction, tordue de plus en plus par les coliques, n'en criait que plus fort : ses cuisses, ses fesses, son ventre étaient rouges, excoriés ; des petits boutons lui couvraient tout le corps, malgré les vaines couches de fécule vite transformée en une boue sale et gluante. Les mauvaises langues d'amies disaient qu'on ne la rechangeait pas assez souvent, qu'on la laissait pourrir dans son urine. La mère au contraire, la changeait presque à chaque heure, mais chaque fois la trouvait mouillée et ne comprenait pas comment un enfant pouvait uriner si souvent et en telle quantité.

Mais bientôt ce fut pis : l'enfant était chaque fois

non seulement mouillée, mais salie de matières
verdâtres, noires et fétides. La gaîté s'en va, la fièvre s'allume vite, on court chercher le médecin ; on
suit ses conseils sous le coup de la peur qu'on a de
perdre l'enfant, et pendant quelques jours et deux ou
trois nuits, on laisse crier l'enfant et les voisins,
puis, pour avoir la paix, que réclame tout le premier le père de famille après sa journée de travail,
on recommence le mortel gavage du pauvre petit
être et l'on voit se reproduire dans l'ordre la même
série de phénomènes jusqu'au retour du médecin
qui, par acquit de conscience répète les mêmes ins-
tructions nécessaires et qui ne seront pas suivies,
il le sait bien. Cela dure ainsi jusqu'à l'été, mais
à ce moment les choses prennent une tournure plus
grave. L'infection est plus rapide, la chaleur et
l'agitation de la fièvre sont vite remplacées par la
torpeur et la pâleur de l'intoxication. Cette fois,
tout paraît fini, mais non, grâce à une médication
énergique, à des frictions incessantes et à des injec-
tions de caféine, l'enfant arrive à se débarrasser de
tous ces poisons et peu à peu renaît à la vie, mais
garde un intestin plus sensible et un système nerveux déjà déséquilibré.

La leçon cette fois a profité aux parents ; ils se font
à cette idée que leur enfant est plus délicate que
les autres et ne peut supporter la même nourriture
que d'autres, les voisins aussi l'acceptent et dès lors,
on mesure les rations, on coupe le lait en proportions voulues, on le donne à heures fixes.

La vie de l'enfant est sauvée, mais non hélas sa santé. Il est trop tard.

Déjà son ventre est étalé comme celui d'une grenouille, la formation des os est en retard : les fontanelles à sept mois sont encore presque aussi largement ouvertes qu'à sa naissance.

Il n'y a pas encore apparence d'éruption de dents; les pieds menacent de s'incliner sur les côtés, les jambes se tournent. Cependant l'enfant donne des signes d'un éveil précoce de l'intelligence. Ses yeux largement ouverts, suivent avec intérêt tout ce qui se passe ; mais quelle expression lamentable de souffrance, reflète le masque ridé de petite vieille qu'a cette enfant au berceau.

Il survient une circonstance heureuse : on se décide à envoyer l'enfant passer quelques mois à la campagne chez des parents. Là il y a une chèvre. La femme qui a nourri ses nombreux enfants du lait de cette chèvre tétée, au pis, soumet au même régime la petite parisienne « qui est si petite » et la petite s'en trouve merveilleusement bien.

Elle passe les journées chaudes d'automne dans le verger, sur un tapis recouvert d'une toile, à se rouler nue, en jouant avec ses pieds ; on lui amène sa nourrice, la chèvre, toutes les trois heures (pas plus souvent, car cela fatiguerait l'animal), l'enfant tette goulûment mais, avant qu'elle se soit gavée, la chèvre est lasse d'être pincée, mordue, sucée et s'en va.

L'enfant pleurniche un peu, ne se sentant pas le ventre plein, mais personne n'y prêtant attention, elle s'endort sur le dos sous l'ombrage des pommiers, au souffle du vent de mer qui est proche. Elle pousse ainsi, la frêle petite parisienne, si misérable quand elle est arrivée, sa peau ridée ne flotte plus sur ses os, ses membres sont ronds et fermes sans bourrelets de graisse. La pâleur cireuse de son teint s'est colorée d'un reflet rose sur un fond bruni par le hâle, ses jambes n'ont pas continué à se tordre, ses pieds se tiennent droits. Les fontanelles se ferment ; les dents apparaissent.

L'éruption des premières dents a malheureusement été accompagnée d'un accident qui a beaucoup effrayé les parents, les convulsions.

Ainsi s'est manifesté le déséquilibre nerveux, résultat d'une hérédité non exempte d'alcoolisme du côté paternel, de névropathie du côté maternel, héritage accru par les souffrances constantes d'un intestin toujours malade et la formation irrégulière des nouveaux éléments.

Ainsi s'annonce une existence de troubles et de souffrances, si une éducation d'hygiène sévère et intelligente n'intervient pas dès le début et sans cesse.

Voici comment les parents comprennent cette éducation. L'enfant ramenée chez eux après les derniers beaux jours passés à la campagne, perd vite ses couleurs, sa gaîté, sa santé.

Et cependant que de soins méticuleux ont remplacé l'état d'abandon dans lequel on la laissait à 'la campagne. Maintenant ce sont des bouillies à base de farines spéciales agrémentées de fortifiants, de lécithines et de phosphatines comme pour un vieillard, des frictions pour redresser les membres, et des précautions contre le froid si minutieuses que la peau de l'enfant est constamment soustraite à l'action de l'air extérieur.

Et malgré tout cela, elle est toujours enrhumée, toujours son nez coule ; à chaque instant elle a mal à la gorge.

Fréquemment elle est prise la nuit d'accès de toux rauque, comme l'aboiement d'un chien, avec difficulté de respirer, fièvre intense, expression d'angoisse, qui jettent les parents dans le plus grand émoi. C'est le croup pensent-ils, elle va étouffer — et vite on court chez le médecin, le plus près, le premier venu — et chaque fois le médecin rassure les parents, calme l'enfant par des applications chaudes et un vomitif et recommande de laisser l'enfant digérer avant de la coucher.

L'émoi passé, on recommence le soir même à donner une tasse de lait à l'enfant une heure après avoir avalé une soupe et un œuf, et à chaque crise de toux rauque, c'est la même terreur folle du croup, comme de la méningite quand elle était plus petite. Mais il suffit que la crainte de ces deux maladies soit écartée de l'esprit des parents pour qu'ils laissent tranquillement ou plus exactement pour qu'ils fassent périr leur enfant d'indigestion continue.

Mais si l'enfant ne disparaît pas, on ne peut que l'en plaindre de la voir si frêle, si exangue, si peu vivante.

Dans son visage aminé par la continuelle souffrance, de grands yeux cernés mettent une expression de précoce intelligence et les longs cheveux bouclés qui l'encadrent achèvent de lui donner l'aspect d'une petite femme, ce qui excite l'admiration de l'entourage et flatte considérablement les parents.

Ils consentent cependant sur les avis réitérés des médecins à envoyer tous les ans l'enfant passer les mois chauds à la campagne et chaque fois l'enfant y puise les ressources suffisantes pour continuer à vivre.

La transformation est complète après chaque villégiature. Grandie, fortifiée, animée, l'enfant parle haut, crie, gesticule, court, saute, dérange tout dans le petit appartement de Paris où on est si à l'étroit qu'il faut une adresse merveilleuse acquise par la longue habitude pour se mouvoir sans rien culbuter au milieu des petits meubles et des bibelots qui l'encombrent.

Les parents sont désolés, ils étaient contents d'avoir une petite fille si tranquille qu'elle restait des heures entières assise sans bouger, les yeux vagues ou suivant à peine les mouvements de sa mère ; elle parlait peu, ou tout bas, et toujours poliment ; maintenant elle dit des gros mots, raconte telle qu'elle l'a vue la scène de la chèvre que prenait le bouc, met tous ses vêtements en lambeaux et continue à les salir en se roulant par terre. C'est qu'elle en a fait des courses à travers les landes couvertes d'ajoncs qui piquent les jambes nues, sur la plage où les galets sont durs aux pieds, dans les fourrés où on se déchire aux ronces et aux acacias.

Elle est couverte d'écorchures, de cicatrices, de traces de coups.

Elle a participé à la vie active des enfants vigoureux de la côte qui, dès les premiers pas s'habituent à veiller eux-mêmes à leur propre existence.

Ainsi revivifiée physiquement et moralement chaque année par quelques mois de vie libre au grand air, l'enfant peut sans en mourir, se plier à la servitude débilitante de la vie de famille dans un logement étroit et sombre, aux fenêtres toujours closes d'où elle ne sort qu'emprisonnée dans des vêtements coquets qui la font ressembler à une gravure de mode.

Avec l'étonnante malléabilité de l'organisme de l'enfant, elle se façonne successivement aux diverses nécessités de ces existences différentes, supportant sans se plaindre fatigues et contusions, contente de la soupe au pain noir au poisson et aux pommes de terre : ici, acceptant sa réclusion et son inaction, modérant ses transports involontaires quand la vie bouillonne en elle, et satisfaisant son besoin de jouer en courant sagement autour des plates-bandes du Luxembourg.

Son plus grand besoin est de se sentir aimée et il suffit que ses parents la caressent en manifestant leur contentement pour que la vie lui semble agréable n'importe où et dans n'importe quelles conditions.

C'est un amour d'une nuance particulière dérivant en grande partie de ce qu'elle voit ses parents goûter peu de moments heureux entre un travail qui ne

présente aucun intérêt et des rares loisirs qu'ils ne
savent employer à aucune autre jouissance que la
vanité.

Aussi répètent-ils à l'enfant qu'ils n'ont qu'elle au
monde qui leur fasse désirer de vivre, qu'il faut
qu'elle soit bien docile pour leur donner toute satisfaction et les récompenser de léurs peines. Ainsi
se développe chez l'enfant toute jeune l'esprit de
charité qui lui fait trouver agréable toute peine
consacrée à procurer une satisfaction aux personnes
qu'elle aime. C'est dans cet esprit qu'elle accepte la
proposition d'aller en pension ; malgré l'affliction
que cela lui cause ainsi qu'à ses parents : ceux-ci
considèrent comme un honneur pour une jeune fille
de leur classe sociale d'être admise dans une bonne
pension, et comme un bienfait la recommandation
d'une personne charitable qui s'intéresse à la petite
et a obtenu pour elle un prix de faveur dans une
pension très bien.

Ce sont en effet des filles de hauts fonctionnaires
de la République, de banquiers juifs et de riches
étrangers de toute nationalité et de toute religion
qui fréquentent cette pension dirigée par des congréganistes consacrées au culte du Sacré-Cœur de
Jésus.

Les études y sont principalement consacrées à
connaître les nuances de langage, de prononciation,
de style auxquelles les initiées reconnaissent une
femme du monde, comme à certains vocables spéciaux les Apaches se reconnaissent entre eux. —
Mais surtout on y apprend les bonnes manières,

ce qu'on doit dire, comment on doit se tenir dans toutes les circonstances et dans tous les milieux, comment on doit manifester sa joie à la nouvelle de son mariage, à la naissance d'un enfant, comment on doit témoigner son chagrin à la mort de son époux, de son père, de sa mère, d'une tante sans fortune, d'une tante riche de laquelle on hérite, d'un parent pauvre ou au contraire d'un parent titré et haut placé dans l'échelle sociale.

Il y a ainsi tout un code qui régit les actes des gens du monde et leur épargne la peine d'éprouver par eux-mêmes quelque sentiment que ce soit ou de dissimuler les véritables sentiments qu'ils éprouvent s'ils ne sont pas conformes à ce que la bonne éducation exige.

C'est cette brillante éducation que va recevoir, grâce à une bienfaitrice, notre pauvre petite bourgeoise destinée à devenir une femme de petit employé et à tenir elle-même son ménage sans l'aide d'aucun domestique. C'est sous cette discipline implacable dissimulée sous les manières les plus onctueuses et les paroles les plus doucereuses, que les geôliers en cornettes vont meurtrir cette petite personne si aimante et lui faire honte des expressions vulgaires avec lesquelles elle exprime dans les lettres à ses parents l'affection et le chagrin dont elle déborde. Mais surtout on la blesse en lui faisant perpétuellement sentir qu'elle est admise par charité. Elle s'efforce de travailler pour contenter ses maîtresses comme ses parents, et aussi par ce goût d'apprendre, qui est la consolation des écoliers malheureux ; mais on lui reproche ses progrès plus rapides que ceux de ses compagnes comme un manque de déférence vis-à-vis de ces jeunes personnes qui ne l'ont admise que par faveur, en leur société. Au dortoir elle a tout naturellement le lit près de la porte, celui dont personne ne veut, au réfectoire, elle est servie toujours la dernière et a le plus mauvais morceau ; en l'habillant de l'uniforme de la maison, on lui a donné un vêtement fait pour une autre pensionnaire et qui n'allait pas parfaitement bien à elle, il lui va encore plus mal ; les bonnes petites amies la montrent au doigt et la tournent en ridicule. La pauvre petite pleure bien des larmes cachées, et les bonnes sœurs trouvent cela d'un très bon exemple, car il faut habituer les classes inférieures à l'humilité et leur faire sentir tout le prix du bien que les riches leur font par charité. Le besoin d'affection est si grand chez cette enfant que ne pouvant correspondre librement avec ses parents et ne trouvant chez ses compagnes que morgue hautaine, cruauté et sottise elle finit par s'attacher à une domestique, une pauvre fille de la basse Bretagne employée à la cuisine, moyennant un salaire dérisoire ; cette malheureuse qu'on a fait venir par l'intermédiaire des congréganistes de campagne, est obligée de faire un travail qui exigerait deux hommes : lavant la vaisselle, portant des seaux d'eaux grasses aux cochons, nettoyant cuisine et réfectoires, apportant les provisions achetées par la sœur préposée à la cuisine, faisant en un mot toute la besogne pénible, sale, répugnante et recevant en échange une nourriture analogue à celle du cochon, des vêtements hors d'usage, un grabat dans un grenier, et cinq francs par mois qu'elle envoie intégralement à ses parents pour élever la nombreuse famille qui n'a pas toujours de pain, à moins cependant que les sœurs lui retiennent une partie de ce salaire comme punition d'un manquement quelconque à un de ses devoirs.

C'est aussi par charité, qu'elles ont pris cette fille laide, mal bâtie, sachant à peine quelques mots de français, car bien sûr, disent-elles, elle ne pourrait trouver aucune place ou bien laissée seule sur le pavé de Paris, elle serait exposée aux pires dangers. Entre ces deux êtres, la petite bourgeoise et la pauvre bretonne, victimes de la charité des bonnes sœurs, s'établit un rapprochement instinctif : la cuisinière a bien vite remarqué comment on donnait à la petite au réfectoire les mauvais morceaux, la petite s'est révoltée de voir traiter la cuisinière comme un animal, en cachette la cuisinière a passé à l'enfant des bons morceaux qu'elle a dérobés (ce qu'elle n'a jamais osé faire pour elle même), l'enfant l'a remerciée par un bon sourire de tendresse qui a rappelé à la bonne fille tous les petits frères et sœurs qui courent là-bas dans la lande nu-pieds et le ventre vide ; alors elles ont trouvé moyen de se retrouver en cachette dans des coins de cour, derrière les communs, et là, presque sans paroles, elles satisfont leur besoin commun de tendresse par des baisers, des soupirs et des larmes. Ces entrevues ne durent que quelques instants mais cela suffit pour donner à ces pauvres êtres la force de supporter les mauvais traitements des personnes charitables qui les gouvernent.

Mais elles furent surprises un jour par une sœur qui se distinguait par la haine féroce qu'elle portait à tous ceux qui manifestaient le moindre sentiment humain.

Cette congréganiste était entrée dans les ordres, disait-on, par dépit amoureux de se voir préférer une rivale.

Depuis lors, elle n'avait cessé de ressentir chaque jour plus vivement la douleur de cet affront : sa physionomie naturellement désagréable en avait pris une expression de méchanceté sournoise et de colère contenue qui faisait trembler toutes les personnes soumises à ses ordres.

La congrégation avait mis à profit ces qualités spéciales comme un propriétaire utilise les instincts cruels d'un chien de garde ; on la chargeait de la police de l'établissement, et c'était pour cet être au cerveau déformé, une véritable jouissance de passer des heures entières à l'affût pour découvrir une pensionnaire, une employée ou une sœur elle-même capable de témoigner à une autre personne de la pitié ou de l'affection. On voyait tout-à-coup surgir d'un trou, d'un recoin invraisemblablement petit, son long corps sec, paraissant uniquement destiné à servir de support au trousseau de toutes les clefs de l'établissement qu'elle portait constamment avec elle.

Elle ne disait rien, mais son visage avait alors une expression de triomphe, de joie sauvage de désir satisfait qui donnait à ses yeux un éclat terrifiant. Les coupables savaient ce qui les attendait sur le rapport de la sœur policière ; la supérieure, femme plutôt molle et accessible à la pitié, mais, terrorisée par sa subordonnée, édictait la peine que celle-ci lui indiquait, et elle la choisissait avec un raffinement vicieux de cruauté, un déploiement d'ingéniosité prouvant qu'elle l'avait méditée pendant toute la durée de son espionnage.

Ainsi la cuisinière bretonne surprise à mêler ses larmes à celle de la pensionnaire élevée par charité fut privée d'appointements pendant deux mois. C'était en hiver, au pays, le père n'avait pas de travail, et la famille sans feu, comptait sur le salaire de l'aînée pour avoir du pain. Le salaire ne vint pas, il n'y eut pas de pain, deux enfants périrent de misère, quelques secours furent accordés aux autres, mais la grande charité resta fermée parce qu'elle fut instruite par les sœurs de la mauvaise conduite de la fille aînée.

Quant à notre petite pensionnaire, on la livra à la risée de ses compagnes, auxquelles on raconta qu'elle aimait la souillon, la laveuse de vaisselle. Dès lors, elle fut appelée petite saleté, torchon sale, on fit mine de s'écarter d'elle avec la crainte d'être sali. Et les bonnes sœurs suivaient avec une douce satisfaction l'accomplissement de ce martyre.

Le résultat de cette torture morale et de l'internement imposé à une petite personne ayant besoin de grand air, de liberté et surtout d'affection fut qu'au bout de quelques années elle acheva de tomber malade. Le médecin de la pension qu'on pria de jeter un coup d'œil, après sa visite, sur cette petite qu'on élevait par charité, n'y vit que de l'anémie mais conseilla néanmoins de la renvoyer — parce qu'on ne savait pas ce qui se cachait derrière cette anémie. Les sœurs sont tout à fait de cet avis, ne se souciant pas d'avoir à soigner une élève qui ne leur rapporte rien — et ainsi se décide la libération de leur victime.

Son état est tel qu'elle n'éprouve pas une immense joie quand s'ouvrent devant elle les portes de sa prison, quand elle se trouve dehors délivrée du costume des pensionnaires, de la tutelle des bonnes sœurs, enfin libre. Sa tête lui semble vide, elle ne voit qu'à travers un brouillard, les bruits lui arrivent diminués comme si elle avait du coton dans les oreilles, elle se fait l'effet de rêver tandis qu'elle est couchée et voudrait dormir sans penser à rien.

C'est dans cet état qu'elle arrive à la maison paternelle au grand émoi de ses parents que les sœurs n'avaient pas jugés dignes d'être prévenus ou informés de quoi que ce soit.

On leur avait pris leur enfant par charité, on cesse de vouloir lui faire du bien, on la leur rend, c'est tout juste.

Mais les parents ont peine à reconnaître leur fille qui était si gentille avant d'entrer en pension avec son teint clair, et ses grands yeux tendres — c'est maintenant une loque humaine que ce pauvre être aux joues creuses, dont les regards expriment la terreur — les parents sont terrifiés, vite on couche l'enfant, on réchauffe ses membres glacés, on va chercher le médecin, on se demande ce qui a bien pu se produire dans ce long intervalle pendant lequel on n'a pas vu l'enfant, parce que le voyage était trop coûteux.

Elle a l'air d'avoir le cerveau dérangé, se serait-elle échappée ? Aurait-elle commis quelqu'action mauvaise ? Enfin le médecin arrive, recommande les plus grands soins, les plus minutieuses précautions pour éviter à l'enfant toute émotion, toute secousse. Il lui faudra des mois de repos complet, de tendresse, de bonheur, pour retrouver sa santé et l'équilibre nerveux.

Ce n'est en effet qu'au printemps que la vie renaît dans ce corps d'enfant qui peu à peu se transforme en une grande jeune fille, mince et frêle, à la poitrine étroite, aux hanches peu développées. Avec les premières journées de bon soleil, la circulation se fait en elle plus active comme la sève monte dans les jeunes pousses des arbres ; sur les conseils du médecin on décide qu'elle ira passer à la campagne toute la belle saison, et là où déjà elle a puisé à plusieurs reprises la force de vivre, elle va rattraper les années perdues, guérir les maux de la pension, chasser par la vie libre en pleine nature le souvenir même de l'internement chez les bonnes sœurs.

Une année n'y suffit pas. Mais devant les progrès accomplis, les parents l'envoient chaque année passer toute la belle saison au plein air. Ils se résignent à lui voir perdre un peu des belles manières qu'elle avait commencé à apprendre à la pension, et à gagner en échange la santé qu'elle avait commencé à y perdre.

Cette succession d'influences diverses et opposées aboutit à la formation d'une personnalité manquant d'équilibre et d'harmonie dans son aspect extérieur comme dans le fonctionnement de tous les organes et en particulier du système nerveux.

Très grande, mais la poitrine peu développée en proportion, elle a des membres grêles, la formation des os ayant été entravée par les troubles de nutrition de la première enfance.

Les muscles se sont faits, surtout aux membres inférieurs, grâce aux longues courses à la campagne, mais les bras sont restés faibles et surtout l'amplitude du thorax ne s'est pas accrue, pendant la longue période d'immobilisation à la pension.

C'était chez elle l'époque de la puberté. Contrariée par une nourriture insuffisante et répugnante, l'absence complète de tout exercice physique, la tristesse et les mauvais traitements, l'apparition des règles a été retardée, puis s'est faite douloureusement, en sang pâle, clair, bientôt remplacé à des intervalles très irréguliers par des écoulements de liquide ressemblant à de l'eau sale.

Toutes sortes de malaises ont accompagné ces phénomènes : douleurs abdominales, crampes musculaires, tiraillements d'estomac, vertiges, maux de tête, pertes de mémoire, crises de tristesse même en dehors de causes immédiates, accès de tendresse qui ne trouvait le plus souvent d'autre issue que l'invocation à la Vierge maternelle ou des déclarations d'amour balbutiées à Jésus. Par moments, il semble que la raison va échapper complètement, tant la jeune fille en proie à son imagination, voit nettement vivantes les images qu'elle invoque. Enfin dans la crise grave qui survint à la sortie de la pension, pendant des mois, la crainte du délire hystérique fut le plus grand souci du médecin.

Tout danger disparut après plusieurs saisons d'existence libre et inculte à la campagne.

Mais, même sans pratiquer, il reste les « bons principes » qu'avec un zèle avisé les congréganistes inculquent aux jeunes esprits pour qu'ils en gardent éternellement l'empreinte indélébile.

C'est pour la vie qu'ils auront foi aux puissances mystérieuses et aux interventions miraculeuses, d'où qu'elles viennent, même s'ils ne croient plus à rien et s'ils ne pratiquent plus aucune religion.

C'est dans les plus petites actions de la vie courante qu'ils recherchent moins la direction de leur raison et le contrôle de leur conscience que l'appui de l'opinion publique ou l'excuse de la bonne intention grâce à laquelle il n'y a pas de péché.

C'est ainsi que se créent des cerveaux dont le fonctionnement inharmonique est une source de souffrances par la continuelle opposition entre les aspirations et les produits, entre le désir et l'application.

Ainsi se perpétue une race de déséquilibrés, de vicieux et de malheureux, et cela grâce à la religion, grâce à la charité.

N'est-ce pas une forme de la charité que cette sensiblerie qui empêche les parents de refuser à l'enfant qui crie la nourriture surabondante ? N'est-ce pas par charité que lorsque les parents ont la force de résister, les voisins interviennent les accusant de martyriser leur enfant ?.

On confie ces enfants aux sœurs de charité qui, après quelques années de tortures, les rendent à la société, difformes dans leur corps comme dans leur esprit, incapables de gagner leur vie comme de faire d'honnêtes femmes, inaptes à faire des enfants sains et encore plus à bien les élever.

La charité laïque, de son côté veille à ce qu'il échappe le moins d'enfants possible à cette action des sœurs de charité.

On séduit les parents par la promesse de vêtements offerts à l'enfant à l'occasion de sa première communion ; on les flatte en leur faisant miroiter la possibilité pour leur enfant d'être élevée comme une demoiselle riche, et ensuite de faire un brillant mariage ou tout au moins d'obtenir une bonne place.

Mais où est le jeune homme riche et agréable qui s'embarrassera d'une femme sans dot ? Les garçons sont préparés, de leur côté, par l'éducation cléricale à faire du riche mariage le but de leurs efforts et le pivot de leur ambition.

La jeune fille jolie, pourvue de bonnes manières et de cette sorte d'instruction qui caractérisent la « bonne éducation » n'a comme ressources que d'épouser un vieillard riche, de se faire institutrice ou demoiselle de compagnie, où d'obtenir par la protection d'hommes influents une place d'employée dans une administration, où le salaire est insuffisant pour vivre.

Dans tous les cas, c'est la prostitution plus ou moins déguisée qui comble le vide du budget ou donne l'illusion du bonheur qui manque. La jeune fille qui épouse un vieillard, se console avec de jeunes amants que la société lui tolère dès le moment qu'il n'y a pas scandale ; la gouvernante et l'institutrice dans une famille bourgeoise sont en butte aux désirs du fils, du père et même des domestiques et si elle résiste, perd sa place, grâce aux intrigues des amoureux éconduits.

Toute protection d'hommes influents s'achète par l'abandon de son corps, commission en nature dont le paiement est d'un usage si courant qu'un essai pour s'y soustraire semble être un manque de loyauté dans le contrat.

Dans toute administration, l'avancement est au même prix.

En sorte que la prostitution déclarée apparaît plus simple, plus sincère et plus lucrative que cette demi-prostitution qui s'abrite sous l'étiquette d'une profession honorable et qui se solde en cadeaux, en gratifications, en passe-droits aux dépens de celles qui ont les moyens ou l'énergie de s'y refuser.

C'est là d'ailleurs l'aboutissant tardif ou prévu de la « bonne éducation » donnée par charité à des jeunes filles sans fortune. Les cabarets de nuit regorgent de demoiselles élevées à Saint-Denis. Incapables de gagner leur vie par un métier manuel qu'elles n'ont pas appris et qui leur paraît être une déchéance, ayant par hérédité et par éducation le mépris du peuple, elles se retrouvent au contraire dans leur milieu avec les soupeurs, fils de famille, officiers, fine fleur de la bourgeoisie. Entre elles et eux la reconnaissance est vite faite d'idées, de manières, de sentiments résultant d'une origine commune et d'une même éducation. Ils professent tous le même respect de l'argent, de la propriété, de la religion, de l'armée, de la morale. Elles sont pauvres, ils sont riches. Elles leur donnent un simulacre d'amour, c'est tout ce qu'ils demandent ; étant incapables d'éprouver l'amour sincère fait tout entier de sacrifices. Ils leur abandonnent en échange quelques louis sur le budget de leurs plaisirs.

Mais cela est insuffisant pour permettre à ces femmes d'avoir tout ce que réclament leur vanité, et leur goût affiné de luxe : toilettes, bijoux, hôtel particulier, équipages et vie mondaine.

Le complément nécessaire, ce sont les vieux et les étrangers qui le fournissent. Ceux-ci croyant se donner un brevet de parisiens en s'affichant avec une demi-mondaine cotée, ceux-là goûtant un plaisir sadique à salir une jeune fille de leur monde, quelquefois l'enfant d'un ancien ami, ou d'un vieux compagnon d'armes.

Ces femmes constituent ainsi dans le monde des prostituées un groupe particulier, avec ses mœurs, ses clients, ses vices spéciaux.

Ce n'est plus la paysanne venue à la ville comme bonne chez un marchand de vins et en réalité livrée aux clients pour achalander la boutique, acceptant ce travail pour vivre, puis cherchant à en tirer le meilleur profit dans le but de retourner le plus vite possible au pays vivre de petites rentes amassées jour par jour, d'élever les enfants qu'elle a souvent, et quelquefois d'épouser un jeune villageois séduit par la dot, et enfin de terminer sa vie dans la situation sociale la plus régulière et avec une conduite irréprochable.

Ce n'est pas non plus l'ouvrière séduite par un patron, un contremaître ou un étudiant puis abandonnée dans la misère, quelquefois enceinte, et obligée pour manger de livrer à des fêtards ivres son corps endolori et de cacher ses larmes dans les endroits consacrés au plaisir.

Celle-là ne rêve ni aisance, ni fortune, elle ne songe pas à amasser un petit capital ni un équipage, elle ne demande que de l'amour et un peu de protection. Si elle trouve un ouvrier qui consente à se mettre en ménage avec elle, elle travaillera de son métier et fera une bonne ménagère mettant tous ses soins à récompenser le brave garçon qui a eu confiance en elle, l'a tirée du ruisseau et a pris la charge de l'aider à élever son enfant. Faute de rencontrer cette aide, elle deviendra la proie du souteneur par l'illusion qu'il lui donnera au début d'être l'ami dont elle a besoin.

Dès lors, sa vie est terminée, ce n'est plus qu'une machine à plaisir produisant au profit d'un seul, ce bourgeois en casquette qu'est le souteneur et auquel elle tient par le besoin d'affection qui reste en elle le dernier vestige d'une personnalité humaine.

Cette prostituée n'est pas une vicieuse non plus que la pauvre fille qui fait ce métier comme elle en ferait un autre, parce que c'est le seul qu'on lui ait appris.

La prostituée fille de bonne famille, pauvre, élevée par charité comme une riche demoiselle, possède au contraire les penchants les plus vicieux.

C'est un résultat de son éducation ; c'est aussi une conséquence du manque de tout bonheur dans son existence.

A la pension elle a déjà été initiée aux plaisirs que peuvent goûter les femmes entre elles. Il n'est pas rare qu'il se crée ainsi des affections vraies qui se poursuivent après la sortie de pension, entre jeunes filles lancées ensemble dans la galanterie. Dès lors, cette liaison remplira leur existence avec les troubles, les ruptures, les jalousies, les drames même qu'entraîne toute passion. D'autre fois ces habitudes contre nature ne s'accompagnent d'aucune affection mais deviennent un plaisir nécessaire. Celle qui est possédée du besoin de cette jouissance spéciale ne cesse de rechercher une partenaire qui la lui fasse éprouver, dans n'importe quel milieu et à n'importe quel prix ; c'est tantôt sa femme de chambre, tantôt une prostituée de la dernière condition qui l'entraîne dans les bouges où elle raccole, tantôt une jeune fille ou une jeune femme appartenant au monde régulier avec lequel elle a conservé des relations et qu'elle débauche. Tout l'or qu'elle arrache à la cupidité des vieux par les plaisirs ingénieusement raffinés qu'elle leur procure passe à payer des femmes qui useront envers elle de moyens semblables.

Ainsi se continue la similitude de goûts et de jouissance entre les fils et les filles de la bourgeoisie, cherchant toujours les uns et les autres, uniquement le simulacre d'amour qui s'arrête à la satisfaction du sens génésique et pour payer ses plaisirs commettant toutes les malhonnêtetés sous le couvert d'un métier permis.

Ainsi agit l'homme d'affaires, qui sous le titre de courtier, banquier, avocat, gérant d'immeubles ne vit en réalité que d'usure, faisant prêter à des jeunes gens riches pourvus de conseils judiciaires l'argent dont ils ont besoin et qu'il leur trouve chez des capitalistes, gens du meilleur monde et le plus honorablement connus, mais satisfaits de recueillir pour leurs capitaux un intérêt de 10 à 15 0/0.

L'emprunteur et le prêteur s'ignorent, le courtier paraît faire l'opération pour son propre compte — mais le jeune homme sait bien qu'on le vole en lui faisant signer une reconnaissance majorée d'un tiers — le capitaliste sait bien que l'argent ne peut rapporter que 4 du 100 dans toute affaire régulière et tout ce monde, courtier, fils de famille interdit, capitaliste à l'affût de bonnes affaires n'est mû que par un mobile, avoir de l'argent le plus possible et en cachette de la famille pour le consacrer à la maîtresse qui flatte sa vanité par ses toilettes, son train de maison, sa bonne éducation, ses manières distinguées et sa science des raffinements voluptueux. Cette maîtresse-là c'est la fille de leur monde qui n'a pas eu la dot nécessaire pour se faire épouser, et qui, faute de pouvoir se créer officiellement dans la société mondaine la place qui semblerait lui revenir par son origine comme par son éducation, prend dans cette même société une place à côté, qui lui procure à peu près les mêmes avantages.

Le jeune homme qu'elle aurait rêvé pour époux, elle l'a comme amant, et c'est à elle bien plus qu'à la femme épousée pour sa dot, qu'il réserve le meilleur de son temps, qu'il fait les plus beaux cadeaux, qu'il manifeste les quelques sentiments sincères dont il est susceptible.

Les hommes influents dont elle a besoin pour avoir des billets de théâtre, ses entrées aux expositions privées, sa place réservée aux solennités, se disputent ses faveurs avec d'autant plus d'acharnement qu'ils sont plus âgés et par conséquent parvenus plus haut dans l'échelle sociale.

On cite ses toilettes, on se montre ses équipages. Elle a un hôtel au Parc-Monceau, un chalet à Trouville, une villa à Nice, une automobile de 60 chevaux, un yacht — on se passe dans le vrai monde ses menus, et les programmes de ses soirées — on cite ses mots, on exprime ses souvenirs. Le monde entier a son nom dans la mémoire pêle-mêle avec celui des grands savants, des auteurs en vogue et des acrobates hardis.

Une visite chez elle s'impose aux étrangers de marque de passage à Paris comme au Salon, et au théâtre à succès.

Elle a son écurie de courses et le Président de la

République, entouré de tous les hauts représentants des corps constitués solennise par sa présence la victoire de ses couleurs au plus grand profit du perfectionnement de la race chevaline.

Sa photographie se trouve dans un dossier secret de la plupart des Cours Européennes. Elle est le clou des ventes de charité, c'est elle qui obtient la plus forte recette et qui vend jusqu'à vingt-cinq louis le bouquet de violettes de deux sous, ce qui lui vaut les remerciements de la duchesse douairière, présidente de l'œuvre et représentante attitrée de la vieille aristocratie française, et le monde ne sait ce qu'il doit le plus admirer dans cette circonstance délicate, de la discrétion avec laquelle la grande dame les a exprimés ou de l'attitude parfaite avec laquelle la demi-mondaine les a reçus.

On convient unanimement qu'elle a été très bien et sans se le dire chacun a l'impression que c'est là une prostituée comme il faut qui remplit parfaitement ses fonctions et qui par conséquent, loin d'être un danger pour la société, mérite qu'on lui conserve la place indispensable qu'elle a su s'y créer pour le plus grand bien de tous. D'ailleurs, n'a-t-elle pas l'autorisation implicite du clergé, depuis que le curé de la paroisse la plus élégante de Paris lui a envoyé sa carte pour la remercier du don splendide qu'elle a fait au Saint qui protège la paroisse. Sa conduite est édifiante : jamais elle ne manque le dimanche la messe de midi, dût-elle pour cela laisser seul chez elle le clubman qui dort encore dans son lit. Elle fait

ses Pâques, discrètement, à Sainte-Clotilde, assiste
à la messe de minuit de Noël à Saint-Eustache, et ne
manque pas un sermon du prédicateur en renom,
celui qui a prononcé de si belles paroles sur l'immoralité du siècle, sur l'immonde Paris qu'il a comparé
à Sodome et à Gomorrhe et menacé du même sort,
si on ne chassait pas ses courtisanes, ses viveurs,
et tous ceux qui les encouragent. En écoutant cela,
elle l'approuvait, ne songeant pas un instant qu'elle
dut en prendre sa part.

Fait-elle partie des courtisanes, des femmes irré-
gulières, mises au ban de la société, elle qui reçoit
à sa table des ministres, dispose de bureaux de
tabac, influe sur la marche des affaires publiques,
a contribué à l'alliance Russe, et va déterminer
l'accord franco-anglais ? allons donc ! elle est au
contraire un soutien de l'ordre, un organisme indispensable dans toute société qui se respecte et elle a
le même intérêt que les autres à ce que cette société
se débarrasse de toutes ses tares et de toutes ses im-
mondices. D'ailleurs tout le monde se plaît à reconnaître ses vertus, son bon cœur, sa charité. Elle a
ses pauvres, elle a même eu l'ingénieuse et touchante idée de leur faire porter une livrée à ses couleurs :
bleu et orange.

Ainsi, quand on voit faire queue à la porte de
son hôtel une troupe de gens habillés proprement
en drap gris-bleu à passepoil orange, on croit que
ce sont des pensionnaires de Bicêtre ou des employés
de l'Assistance publique, mais les gens bien informés

vous apprennent que ce sont les pauvres de Madame X..., de la divette bien connue.

L'idée a paru géniale à toutes les dames qui font « du bien » et elles l'ont copiée.

Désormais les mendiants sont enregimentés et forment des escouades spéciales aux couleurs de leur protectrice.

Tout noble a ses pauvres comme autrefois il avait son régiment.

Dans une conférence mondaine, le représentant de l'aristocratie qui a publié sur les œuvres charitables des ouvrages faisant autorité, a approuvé hautement cette innovation en montrant qu'elle suscitait l'émulation aussi bien chez ceux qui donnent que chez ceux qui demandent, qu'elle débarrassait les beaux quartiers de Paris de ces mendiants loqueteux, critique vivante de la société moderne et honte de la civilisation, qu'elle leur donnait le goût et l'habitude de la propreté et empêchait le même pauvre d'être à la fois secouru par plusieurs personnes.

Ainsi la demi-mondaine a su, par son art de pratiquer la charité, se faire louer publiquement par le représentant de la société si fermée du faubourg Saint-Germain.

N'est-elle pas en tout leur égale ?

Elle a comme eux un titre nobiliaire. Elle s'est adjugée une préfecture ou une sous-préfecture sur laquelle elle n'a ni plus ni moins de droits qu'eux.

Ses titres ne remontent qu'à quelques printemps et lui ont été octroyés par la collaboration d'un

journaliste spirituel qui a trouvé le blason, et d'un
riche gâteux qui l'a appuyé du don d'un coupé sur
lequel on a peint son écusson et sa devise.

Les droits des nobles authentiques aux titres
dont ils se parent, leur sont niés par les gens
compétents qui réduisent à une douzaine de personnes en France le nombre des véritables descendants des croisés.

Et dans ce nombre combien sont en réalité issus
des chevaliers et barons qui allaient guerroyer en
Terre-Sainte ? Ne s'est-il pas glissé en leur absence
quelque page dans le lit de la noble dame, et dans
les générations suivantes, ne s'est-il pas trouvé
maints roturiers, troubadours, écuyers, médecins,
moines ou domestiques bien taillés qui aient introduit dans la race un croisement clandestin ? on le
croirait, rien qu'à voir les occupations préférées de
ceux qu'on considère comme les vrais représentants
de la vieille noblesse. Vivant presque misérablement dans leur vieux castel démantelé, ils passent
leurs journées à chasser ou à chevaucher par les
landes, les prés et les bois, ne goûtant de plaisir que
dans l'exercice de leurs muscles. La nuit ils caressent la chambrière quand ils ne se sont pas épris de
quelque fille de paysan aux mamelles puissantes et
au cerveau inculte comme eux.

En dehors de cela, les plaisirs de la table et la
contemplation de leur blason sont les seules jouissances qu'ils goûtent.

Et c'est à faire revivre la suprématie de ces hobe-
reaux sur toute la population des gens qui travail-

lent, méditent et produisent que s'efforcent les derniers partisans du trône et de l'autel.

Fort heureusement pour la valeur de leur propre cause, la grande majorité des gens titrés ne sont que des fils d'industriels ou de commerçants qui, ayant l'argent, ont voulu aussi avoir droit aux honneurs et se sont annoblis de leur propre autorité, ne se rendant pas compte qu'une distinction que chacun est libre de se donner n'a plus, par là même, aucune valeur.

L'usage s'est ainsi peu à peu établi que l'adjonction de la particule à son nom ancestral, est la consécration de la richesse, d'où qu'elle vienne et de quelque façon qu'elle ait été acquise. Cela va de pair avec l'abandon des idées radicales professées avant fortune faite, le mépris du peuple dont on est issu, la pratique ostensible des devoirs religieux qu'on a autrefois tournés en risée et la charité faite avec éclat à ceux dont la misère est justement le piédestal de la fortune des bienfaiteurs.

Les prostituées qui ont réussi dans leurs affaires suivent cet exemple et s'ennoblissent pour se créer, elles aussi, une distinction d'avec les rangs inférieurs de leur profession.

Ainsi s'affirme la toute-puissance de l'argent qui détermine dans toutes les sociétés civilisées une sorte de clivage en couches distinctes : en haut ceux qui possèdent plus qu'ils n'ont besoin et s'efforcent de défendre l'accès de leurs rangs aux misérables de la couche inférieure, lesquels luttent tout en bas pour vivre et ne pas être écrasés sous la masse qu'ils supportent tout entière ; un peu plus haut, ceux qui gagnent déjà leur vie mais s'efforçent de subvenir à leurs besoins toujours grandissants de jouissances, plus hauts encore ceux qui cherchent à s'insinuer dans la classe des satisfaits et des repus

Toutes les distinctions de races, de religions, d'origine, d'éducation, de valeur personnelle apparaissent artificielles et bonnes tout au plus à amuser la galerie et à dissimuler la vérité, en présence de ces faits évidents pour toute personne de bonne foi et de bon sens.

Dans chaque pays, comme dans chaque profession ceux qui ont amassé des capitaux ont entre eux des appétits, des besoins, des manières, des genres de vie, et des intérêts communs, en opposition absolue avec les gens du même pays et de la même profession qui ne possèdent pas de capitaux.

Rien ne distingue un prince russe d'un lord anglais et d'un duc français — sous leurs haillons on ne peut reconnaître un mendiant français d'un pauvre de Londres — et la demi-mondaine parisienne peut, après une nuit de sleeping-car, aller faire la *season* à Londres, ou une villégiature à Bade sans rien changer à ses habitudes et sans se trouver dépaysée.

Ainsi dans chacun des compartiments en lesquels on a sous le nom de nations artificiellement séparé le monde civilisé, se perpétue un état de guerre plus ou moins dissimulé qui absorbe les forces vives de la nation.

Les révolutions, les émeutes, sous quelque nom que les distinguent les gouvernements, ne sont dans la lutte quotidienne que de courts épisodes, des crises de violence sans résultat utile — c'est la soupape qui saute sous la trop forte pression de vapeur, c'est l'accès de fièvre du travailleur surmené.

Quand un pays ne se signale pas par un de ces mouvements, il est convenu de dire qu'il y règne la paix entre tous les citoyens également mus du même désir de concourir à la prospérité de la nation. Il faut entendre par là que la lutte pour la vie ne prend pas à ce moment la forme aiguë qui aboutit au meurtre et au pillage. Mais elle existe, et se manifeste dans chacun des actes de la vie courante qui mettent en opposition d'intérêts les hommes vivant en société.

Chacun cherche à grossir sa part, sachant parfaitement que tout ce qu'il possédera en plus de son nécessaire doit être fatalement compensé par le manque de ce nécessaire pour quelqu'un de ceux que l'Évangile appelle ses frères.

En sorte que lorsqu'un millionnaire fait servir sur sa table des fruits rares ou des gibiers coûteux, il faut de toute nécessité, qu'au même moment, des individus de sa race, de son pays, quelquefois de sa famille n'aient pas un morceau de pain à manger.

Cette considération n'arrête personne dans la recherche âpre et constante d'un avoir plus considérable devant procurer des jouissances toujours plus grandes,

Les moyens employés pour s'enrichir ne sont limités que par deux freins : l'intervention de la justice et la colère des dépossédés éclatant en révolte.

Mais la justice n'intervient pas pour faire respecter

et appliquer la loi ; il lui faudrait dans ce cas, supprimer purement et simplement la majorité des gens qui font des affaires.

Elle n'apparaît qu'au moment où le vol est si évident que l'opinion publique s'étonne du silence des autorités chargées de le réprimer et menace de les englober dans le scandale.

Quand les journaux ont annoncé à tout le monde la disparition d'un financier de haut vol ou les tripotages avérés d'un politicien homme d'affaires, Thémis arrive de son pas boiteux, traînée de force par les malheureux qu'elle a condamnés autrefois à la prison pour avoir cassé une branche de lilas dépassant le mur de la propriété du riche banquier actuellement en fuite.

Elle vient gravement, alors qu'elle sait celui-ci confortablement installé à l'étranger, constater que le coffre-fort est vide et que de ce fait des milliers de petits rentiers n'ont plus de rentes, que des vieillards n'ont plus de quoi manger pendant leurs derniers jours, que nombre de commerçants, d'industriels, d'hommes d'affaires secondaires, sont réduits à la faillite entraînant dans leur débâcle leurs fournisseurs, leurs correspondants et leurs clients, laissant sans travail tout un peuple d'ouvriers chargés de famille. Tout cela pour un mauvais coup de Bourse parce que le puissant baron de la finance n'avait pas ce jour-là le cerveau lucide, ayant été trop bien traité par une vendeuse d'amour trop consciencieuse.

La vie de plusieurs milliers de personnes, le bien-être de centaines d'autres dépend de la disposition d'esprit ou du caprice d'une douzaine d'individus, qui ne sont mûs ni par le désir d'être utiles à la masse, ni par des idées intellectuelles ou philosophiques élevées, mais uniquement par la recherche d'un coup heureux, capable en une minute de faire passer entre leurs mains les millions qui représentent le fruit d'une vie de travail et le bien-être de toute une province.

Ce sont des joueurs s'appliquant à se gagner les uns aux autres les tas d'or étalés devant eux, tandis que derrière chacun d'eux se tiennent en l'attitude de victimes déplorablement résignées, les clients, ceux qui ont fourni l'or, gagné sou à sou par le pénible travail de chaque jour.

Et suivant le coup moins heureux ou moins habile d'un des joueurs, le tas d'or qu'il avait devant lui disparaît, et le groupe de ses clients s'en va en esclavage, tel qui dirigeait une importante maison devient commis aux écritures ; tel qui avait toujours vécu confortablement, couche à l'asile de nuit, jusqu'à ce qu'il ait amassé à nouveau un petit avoir qu'il s'empressera de confier à un nouveau joueur dans l'espoir de le voir doubler dans un coup heureux.

C'est grâce à la lâcheté tenace et invétérée de ces clients que peut se perpétuer ce jeu qui fait honte à la raison et qui révolte la justice.

Le même sentiment les domine : la confiance dans la chance qui leur fera obtenir d'un coup ce qu'ils ne pourraient acquérir que par un effort intelligent et continu de plusieurs années.

C'est l'abdication de la puissance de l'homme dirigé par la raison devant une force surnaturelle et miraculeuse. C'est une forme de religion et une conséquence de la déformation intellectuelle héréditaire sous l'influence cléricale.

Quelles que soient sa race et sa religion avérées, tout homme de Bourse, tout homme d'affaires, tout joueur est essentiellement superstitieux.

Ses plus beaux coups ne sont pas le résultat d'un plan habile basé sur une conception logique, soigneusement médité et scrupuleusement suivi. Il le dit et essaie de le faire croire par un raisonnement établi après coup.

La vérité, c'est qu'il a joué à la hausse parceque le temps était à la pluie ou qu'il s'est surpris tenant sa canne de la main gauche ; aux courses, entre deux chevaux de chances égales, il choisit celui qui sort le premier et fait une fortune sur cette simple observation.

Appétit de jouissances raffinées et vicieuses, croyance superstitieuse à une force merveilleuse capable de vous procurer rapidement les moyens de les obtenir ; tels sont les deux mobiles des hommes dans la société civilisée.

Il existe, il est vrai, en dehors de ces hommes qui constituent les classes dirigeantes, une masse d'êtres humains parqués comme un troupeau, dans le plus petit espace possible, et aux bras desquels on fait rendre le plus de travail possible pour grossir les tas d'or qui servent d'enjeu à la partie des dirigeants. Pour ces êtres inférieurs, il n'est pas question de jouissances ni de fortune, tout leur effort tend à ne pas mourir de faim.

Mais l'éducation reçue par eux et par leurs pères est telle que, ce besoin primordial une fois assuré, eux aussi rêvent de fortune miraculeusement acquise sans intelligence et sans fatigue.

Ils iront la chercher dans les mines d'or où, pour cent hommes qui meurent après avoir lutté contre tous les éléments et subi toutes les souffrances imaginables, un ou deux trouvent ou prennent les quelques morceaux de métal qui, dans les sociétés humaines, assurent la satisfaction de tous les désirs. Mais à peine en possession de ce trésor si chèrement acheté, ils le perdent en une soirée de jeu ou le gaspillent en quelques semaines de plaisirs crapuleux ou encore continuent à vivre misérablement à côté de leur fortune soigneusement cachée et épargnée avec la dernière avarice.

Cette existence des chercheurs d'or symbolise la course à la fortune à laquelle se livrent tous les hommes au lieu de s'efforcer d'adoucir les difficultés d'existence pour tous et de diminuer les heurts résultant nécessairement d'une inégalité de condition qui est la conséquence même de la diversité de la nature humaine.

Cet état assigne à notre époque une date peu avancée dans l'évolution de l'esprit humain : elle est plus près des époques primitives où l'être humain est considéré comme une brute que des stades avancés où il se conduira comme un homme, c'est-à-dire en être raisonnable.

On peut dire qu'actuellement il agit comme un enfant, chez lequel surgissent à chaque instant les instincts primordiaux de la brute que refrènent cependant dans leurs conséquences extrêmes la raison gagnant chaque jour un peu plus de sa puissance directrice.

Un groupe d'enfants jouent ensemble, il y en aura toujours un qui sera le chef, le maître, qui se fera traîner par tous les autres dans une charrette ou qui se fera remettre intégralement par toute la bande le produit de leurs rapines.

Quand l'un des enfants est incontestablement le plus souvent, le plus hardi, ou le plus adroit, c'est à lui que revient toujours ce commandement que les autres acceptent et même recherchent, sachant qu'ils bénéficieront tous à la fois de sa direction et de la discipline qu'il impose. Cela se produit notamment quand les enfants se livrent à des expéditions ou à des aventures qui sont pour eux ce que la guerre est pour l'homme, dans lesquelles on risque des coups, des accidents, des punitions de l'autorité et des corrections paternelles si l'on est pris.

Mais quand les troupes d'enfants ne se livrent pas à ces exercices dangereux, quand leurs jeux ne surexcitent pas leurs instincts belliqueux, mais seulement leurs sentiments d'orgueil, l'emploi de chef est convoité par tous à un égal degré. Ils ont la conviction qu'en bonne justice aucun n'a plus le droit de l'avoir qu'aucun autre, et ils finissent par établir que chacun l'aura à son tour — dès lors, la troupe des subordonnés obéit impatiemment à celui qui jouit passagèrement du commandement et guettent la première occasion favorable pour se faire octroyer la place. Ceci nous représente une autre organisation sociale, celle qui succède à l'état de guerre permanente, c'est précisément celle que subissent la plus grande quantité des nations civilisées.

Il n'y a plus de chefs, d'hommes jouissant sur leurs semblables d'une autorité incontestée et permanente. L'esprit humain a suffisamment évolué pour que la communauté veuille prendre part à son propre gouvernement. Mais cette évolution n'est pas assez avancée pour que chaque homme ait le mépris des basses jouissances qui ne sont accompagnées d'aucune satisfaction intellectuelle et pour que tous les hommes aient compris l'injustice et l'absurdité de l'héritage et du capitalisme.

Ils ont supprimé la suprématie de la force et la royauté héréditaire basée sur cette antique suprématie, ainsi que l'impérialisme, forme moderne de l'ancienne élection du chef. Mais ils s'inclinent devant la toute-puissance de l'or et ils reconnaissent à celui qui possède cette puissance le droit de la léguer par héritage à ses descendants ; bien plus, ils ont laissé établir tout un code de lois destinées à empêcher la diminution de cette puissance, par sa division ou sa dilapidation. Dans certains pays, c'est l'attribution à l'aîné de toute la fortune dont la conservation intégrale apparaît ainsi plus désirable aux yeux du législateur que le bien-être de toute une famille violemment séparée entre un fils qui a tout et vit dans l'opulence, et une mère, des frères et des sœurs réduits à végéter misérablement do la modique rente que leur sert l'aîné. Dans d'autres pays c'est le conseil judiciaire ou tout appareil analogue s'opposant à cette évolution naturelle et bienfaisante qui fait soigneusement retourner à la masse par les mains d'un fils prodigue, ce qui en a été retiré par les efforts d'un père âpre au gain.

Les hommes qui supportent tout cela sont donc bien semblables aux enfants qui subissent les caprices et les tyrannies de ceux d'entre eux auxquels leurs parents plus riches ont donné un beau jouet coûteux. Le favorisé s'assied dans la charrette et se fait traîner par les autres, qui acceptent ce rôle dégradant et pénible, mûs chacun par l'espoir de se faire traîner à leur tour.

La masse qui souffre et qui peine, physiquement par un labeur trop rude, et l'insuffisance de bien-être matériel, moralement par le sentiment constant de l'injustice révoltante dont elle est victime, accepte cette construction défectueuse de l'édifice social qu'un coup d'épaule donné d'ensemble lui suffirait pour renverser, parce que chacun espère goûter à son tour toutes les jouissances qu'il a l'illusion de considérer comme le vrai bonheur.

La foule de ceux qui entrent dans la vie sans capital ne se contenterait cependant pas de la perspective de le gagner jour par jour et sou par sou par un labeur constant et une lutte acharnée. Mais ils croient à une force supérieure capable de leur faire réaliser leurs désirs en un jour d'emblée. Ce sont des joueurs qui courent leur chance. Aucune notion n'est cependant plus préjudiciable à la bonne utilisation des forces vives humaines et au progrès de l'esprit humain. Elle existe et persiste cependant dans tous les groupements et en tous lieux .C'est un vestige de la croyance des hommes au cerveau inculte à des puissances mystérieuses qui peuvent tout, alors que l'homme par lui-même ne peut rien. Cette croyance sous sa forme la plus moderne, est la religion qui enseigne l'intervention de la divinité dans les actions de l'homme, décourage ses efforts par l'inutilité de lutter sans elle ou contre elle favorise au contraire son inertie en lui conseillant de s'en remettre à Dieu du soin de ses intérêts. Chez les peuples profondément et sincèrement religieux, la vie entière se passe en prières tandis que les terres restent incultes et les hommes meurent de faim quand les fruits et les produits naturels de la terre viennent à manquer.

Nos sociétés plus cultivées présentent un compromis entre la croyance atavique à la Providence et la certitude acquise par plusieurs siècles de civilisation que l'homme est le seul artisan de son bien-être.

Aussi voyons-nous, dans ces sociétés, les hommes s'efforcer à un labeur constant, mais garder un secret espoir qu'ils pourront recueillir plus que le fruit légitime de leur travail. C'est une des raisons qui les empêchent de se contenter d'un capital suffisant pour bien vivre et les pousse à rechercher la fortune.

Pour ceux qui ont cette ambition, pas une minute

n'est perdue pour la réaliser, tous leurs efforts,
toute leur énergie mentale et physique se tendent à
gagner, à amasser sans cesse sans jamais rien sacrifier à la réalisation du moindre bien-être. Ils ont
fait de leur existence deux parts : la première destinée au gain, sans aucune autre dépense que celle
qu'entraîne la nécessité de vivre, la deuxième uniquement réservée aux plaisirs dont l'attrait anticipé
les soutient dans la lutte atroce de la première
phase. Mais durant cette lutte combien succombent
sans avoir pu commencer à économiser. Combien
d'autres, perdent dans le coup hasardeux qui pourrait doubler le capital amassé, le fruit de plusieurs
années d'efforts.

Combien s'usent et disparaissent au moment où
le but est atteint et où ils n'auraient plus qu'à jouir.

Enfin les quelques-uns plus robustes, plus habiles
ou plus heureux qui parviennent au moment de
réaliser la deuxième partie du programme, se trouvent infiniment plus embarrassés pour tirer parti de
leur capital que pour l'amasser. Cela est assurément
fort compréhensible. Les qualités spéciales de
désir du gain, de ténacité, d'avarice, qui font la
force de ces ambitieux dans la lutte pour la fortune
proviennent d'une longue hérédité d'ancêtres aguer-
ris par la nécessité de la lutte pour la vie.

Mais quelles jouissances peuvent éprouver de tels
gens devenus riches, en dehors de la basse vanité
qui leur fait penser sans cesse à leur or, le compter.
l'étaler aux yeux du public sous forme de châteaux,
de mobilier, d'objets d'art du plus mauvais goût et

qui ne leur causent à eux-mêmes aucun plaisir personnel.

Ils sont haineux par leur hérédité, par le besoin de combattre qu'ils ont eu pendant toute la première période de leur existence. Ils peuvent dissimuler cette haine de leurs semblables sous un ton de bienveillante protection ; ils ne ressentiront jamais qu'envie contre les plus riches qu'eux, que mépris contre ceux qui n'ont pas su gagner de l'argent. Leur seul plaisir est d'humilier les parents pauvres, les amis de la première heure restés dans une condition modeste.

Ils leur font des cadeaux à la façon dont on fait l'aumône mais ne prêteront jamais à aucun d'eux la somme qu'il lui faudrait pour se tirer d'affaire. Ils ne veulent pas qu'ils réussissent, pour faire mieux apprécier leur supériorité à eux qui ont réussi. Ils font la charité avec ostentation et c'est une de leurs rares et puissantes jouissances : grâce à eux, toute une commune reçoit une distribution de pain. Grâce à eux, on ne voit plus de mendiants à plusieurs lieues du château.

Grâce à eux, l'Église du village a un clocher neuf et le curé des vêtements d'église redorés. Cela leur est un point de contact avec ceux qui se disent de la noblesse ou de la vieille bourgeoisie, uniquement parce que leur richesse leur vient de leur père ou de leur aïeul qui fut justement le parvenu qu'ils méprisent dans leur voisin.

Les réunions de charité sont la première occasion au riche de récente date de fusionner avec les riches

d'origine un peu plus ancienne. Le curé sert d'intermédiaire pour resserrer les liens. Il est entendu
que la fortune oblige à pratiquer, comme d'avoir
des chevaux, un château et des domestiques.

Le clergé entretient avec un soin scrupuleux ces
pieuses et précieuses idées dont il bat monnaie. Le
curé sait qu'il ne reviendra jamais l'aumônière vide,
quand il va quêter pour son Église, pour ses pauvres,
pour le denier de Saint-Pierre, pour le pèlerinage à
Lourdes, pour les petits Chinois, et pour les élections
s'il insinue au parvenu que sa voisine la Comtesse,
ou son rival l'industriel ont donné un louis pour
la bonne cause, l'enrichi s'offre immédiatement le
plaisir de les vexer en doublant l'obole, et le curé
part en souriant en faire des gorges chaudes avec
ses pénitentes intimes.

Quand le parvenu a pu mener longtemps sa vie
de jouissances, il n'est pas rare, s'il n'a perdu toute
intelligence, qu'il n'aperçoive le vide de son existence, et qu'il n'éprouve combien peu il goûte de
bonheur en regard des privations autrefois suppor-
tées et qu'il ne soupçonne le rôle ridicule qu'on lui
fait jouer. Dès lors, son malheur est sans bornes ;
tout quémandeur est brutalement renvoyé, sous la
pensée qu'il le tournera en risée. Toute affabilité
cache une ironie, il se méfie de ses amis, de ses
parents, de ses domestiques. Il envie le paysan qui,
lui, au moins, est certain que si on lui offre de le réga-
ler ce n'est pas pour le soulager de quelque argent
ou pour se moquer de lui.

L'affaiblissement cérébral augmente ces terreurs

qui deviennent une véritable folie et le pauvre riche s'éteint dans le coma ou dans un accès de démence entre les mains de garde-malades qui, suprême ironie, lui volent devant ses yeux, son vin et ses desserts.

La plus grande souffrance réservée à ces amasseurs d'or est de voir leurs enfants se refuser à tout travail, à tout négoce, à toute entreprise même où ils n'auraient qu'à paraître et engager leurs capitaux pour en retirer un solide profit.

Ces jeunes gens déclarent qu'ils ne voient aucune nécessité de grossir leur fortune plus que suffisante pour leurs besoins et qu'ils n'ont pas trop de tout leur temps pour la dépenser. Et si le père demande : « Mais que laisserez-vous à vos enfants, si vous mangez tout ? » — « Rien du tout, répondent les jeunes gens, nos enfants feront comme toi, ils travailleront. Ils auront cette supériorité sur toi que nous leur donnerons une bonne instruction et tous les moyens de parvenir. Quant à nous, il nous est impossible de songer à faire une œuvre rémunératrice quelconque.

Depuis nos premiers souvenirs, nous nous voyons gâtés, choyés, pourvus de tout ce que nous désirons, satisfaits dans nos moindres caprices pendant que notre mère et toi travailliez comme des misérables et nous serviez comme des domestiques. Dès que nous avons eu l'âge de comprendre, tu nous a appris que nous étions riches, très riches. Tu nous disais cela en cachette du public, d'abord, dans l'arrière-boutique sombre qui constituait notre seul logement et où le coffre-fort prenait la moitié de la place. Plus tard tu as fait étalage de ton or devant tout le monde ; nous entendions dire partout quand on nous voyait passer : en voilà qui n'auront pas besoin de travailler comme le père. Toi même nous as laissés jusqu'à vingt ans vivre à notre guise. Et maintenant tu nous fais de la morale, tu nous menaces, parce que nous continuons à faire ce que nous avons fait depuis que nous sommes au monde : dépenser l'argent que tu gagnes ; au fond, cependant, c'est justice, il doit retourner d'où il vient et c'est nous qui sommes les plus utiles à la société. »

Telle est la suprême récompense du parvenu.

Ce spectacle s'étale sous tous les yeux, est reproduit dans bien des livres ; personne ne disconvient que c'est là en général qu'aboutit une existence d'efforts pour prendre sur les autres le plus qu'on peut du patrimoine commun.

Et cependant, voyons-nous d'autre but proposé à l'activité des jeunes gens devant lesquels s'ouvrent les portes de l'école. Les parents, les pédagogues, les feuilletons, les amis de la famille parlent sans cesse avec admiration, respect et envie de ceux qui ont fait fortune. Quand un élève se signale par ses facultés d'assimilation et ses efforts à se plier à la discipline scolastique, le maître dit : « Celui-là, il fera son chemin, il arrivera » ce qui veut dire : il deviendra riche.

Dans la famille on cite ceux des parents qui ont réussi, c'est-à-dire amassé un gros capital, on ne parle pas ou on parle avec mépris des parents pauvres. Pour quelques-uns dont la bonté ou l'esprit sont évidents, on reconnaît leurs qualités, mais ils ont manqué de celle qui est la plus nécessaire et qui consiste à en tirer parti, c'est-à-dire à en faire de l'argent.

Une maxime courante qu'on débite aux jeunes gens studieux mais désintéressés c'est que le savoir n'est d'aucune utilité sans le savoir-faire. Comprenez que le but n'est pas de goûter pour soi-même le plaisir de savoir, ni même celui de faire partager sa science aux autres, mais bien d'en profiter pour rouler les moins instruits et s'enrichir à leurs dépens.

Telles sont les leçons que reçoivent les jeunes gens dans la rue, dans les publications, à l'école et dans la famille.

Ce sont là le bouclier et le glaive dont la société moderne arme les adolescents pour en faire des hommes.

Comment pourraient-ils ensuite, modifier ces dispositions d'esprit, quand, dans la foule qui se rue à la conquête de l'or, il faut que chacun se batte, non pas seulement pour amasser, mais même pour ne pas périr. Chaque jouissance, si petite soit-elle, doit s'acheter.

Et le jeune homme le mieux équilibré a soif de toutes les jouissances.

Il aime le théâtre ? il faut de l'argent ; les livres ? il faut les acheter ; être bien mis ? cela coûte ; pour travailler en paix ? il faut un appartement confortable et partant d'un loyer élevé ; il a soif de grand air, de campagne, de voyages ? pour tout cela il faut beaucoup d'argent. Enfin par dessus tout il a besoin d'aimer, il rêve de conquérir les faveurs d'une jolie femme et qui paraisse désirable à tous, qui lui fera honneur par ses toilettes, ses manières distinguées. L'infortuné ! tout cela se paie et très cher. Enfin, par désillusion ou par entraînement, il se laisse aller à jouer et dès lors il comprend toute l'influence de l'argent en voyant celui qui lui a gagné sa bourse s'offrir, grâce à elle, un voyage ou la femme désirée.

Ainsi s'établit forcément le courant qui entraîne les jeunes gens au cerveau cultivé, aux sentiments affinés, à l'abandon du désintéressement qu'ils tenaient d'une hérédité de gens depuis longtemps riches ou d'une disposition particulièrement heureuse.

Ainsi même ceux qui n'ont pas l'ambition de devenir riches, d'amasser le plus possible, sont obligés de lutter pour la vie. Mais dans cette lutte qui dure pendant les meilleures années de la vie de l'homme, les qualités spéciales du lutteur se fortifient, si bien qu'il ne cessera, même quand son premier désir sera satisfait, de lutter encore pour amasser et que pour lui aussi la lutte pour la vie se transforme en lutte pour la fortune.

Bien rares sont les quelques sages qui se retirent du tourbillon dès qu'ils ont atteint le but de leurs efforts : s'assurer une existence modeste. C'est aussi exceptionnel qu'un joueur se fixant d'avance la somme dont il a besoin et cessant de jouer dès qu'il l'a gagnée.

Plus rares encore sont les vrais sages qui se sont obstinément et constamment tenus en dehors de l'arène où les hommes se disputent l'or comme les chiens d'un chenil se battent pour un os, et bornant leurs besoins le plus possible, cultivent en paix leur jardin, avec la suprême jouissance du spectacle de la vie se déroulant devant eux sans qu'ils y prennent part, en face de la vie humaine si troublée, si cahotique, si remplie de gestes inutiles et laids, ils voient la vie des plantes et des bêtes où l'évolution se poursuit insensible dans un ensemble harmonieux et fécond d'où rayonne la beauté.

Ces hommes sont tellement exceptionnels et sans action sur l'ensemble qu'ils ne peuvent aucunement infirmer notre conclusion.

L'organisation sociale la plus parfaite qui ait jusqu'ici été réalisée est représentée par la société capitaliste où vivent côte à côte des hommes jouissant de tous les raffinements de bien-être et de plaisirs inventés depuis l'origine du monde, d'autres pour lesquels les moyens de vivre sont plus difficiles que pour l'homme primitif des cavernes, et enfin un dernier groupe, le plus nombreux, composé de tous ceux qui peuvent aisément vivre, mais veulent plus de bien-être et ambitionnent la fortune.

Dans une telle organisation et entre de tels hommes il n'y a place que pour la violence et pour la haine. Aucun autre sentiment sincère ne saurait s'y faire jour.

Pardon, répondent les partisans de l'ordre établi et les naïfs : il y a la charité. C'est par elle que celui qui possède trop donne un peu de son superflu à celui qui ne possède rien et trouve le nécessaire.

C'est elle qui intervient heureusement quand les rapports deviennent trop tendus entre la foule hurlante des affamés montrant leurs dents longues et le petit groupe apeuré des satisfaits ventripotents et blêmes, couvrant leurs coffre-forts de leurs corps. Quelques sous jetés à propos dans la foule, la divisent, rompent l'assaut comme les gens du Nord poursuivis par les loups se sauvent en leur abandonnant un chien.

Il faut être le défenseur d'un parti ou doué d'une singulière naïveté pour admettre ces arguments qui sont cependant reproduits à chaque instant dans les livres, les journaux, les conférences et les conversations.

Le premier de ces arguments à savoir que, grâce aux riches il n'y a plus de pauvres, ou sous une autre forme, qu'un homme qui mange des truffes ne laisse jamais aucun de ses semblables manquer de pain, est d'abord contredit par les faits.

Les gens qui meurent véritablement de faim sont rares heureusement. Il y en a cependant chaque hiver quelques-uns. Mais ceux qui se suicident parce qu'ils se voient acculés à la nécessité d'aller mendier le pain qu'ils ne peuvent plus gagner ? ils sont légion, ceux-là, et ils vous donnent une belle leçon à vous capitalistes, philanthropes, cléricaux, gens charitables.

Ils n'en veulent pas de votre charité ! ce dont]{ils

veulent c'est du travail, quelqu'inique qu'en soit la
rémunération.

Avec cela l'ouvrier ne vous doit rien, n'a pas à
vous remercier, à manifester de la reconnaissance,
à devenir et à rester votre obligé. Il veut, sorti de
l'atelier, avoir le droit de ne pas saluer le patron
auquel il vient de faire gagner quelques louis
moyennant ses quatre ou cinq francs de paye, il
veut être libre de voter contre lui ou contre ses amis,
de se syndiquer et de préparer les moyens d'arracher
à son tas d'or quelques pièces de monnaie, contre cet
ennemi constant, il veut, en temps de paix appa-
rente, s'armer pour la guerre ouverte « la grève »,
et s'il est vaincu, il aimera mieux crever de faim ou
par un moyen plus rapide que d'aller faire sa sou-
mission à celui qui a été l'artisan de son malheur
et implorer le pain qu'il lui fera jeter par ses domestiques.

Voilà pourquoi l'ouvrier ne veut pas de la
charité, voilà pourquoi les capitalistes et leurs
soutiens vantent ses bienfaits : parce que c'est un
moyen pour eux de continuer sur l'ouvrier l'ancienne domination du maître sur l'esclave, du sei-
gneur sur le serf.

On tient bien ceux qui savent que, sans vous, ils
n'auraient ni toit, ni feu, ni pain, ni vêtements.
Si ce sont des hommes, des électeurs, on peut
compter sur leurs voix, des femmes sur leur influence ;
on les fait figurer dans les cérémonies destinées à
frapper l'imagination du public : on les oblige d'aller à l'église pour pouvoir imprimer que les ouvriers

sont restés en grand nombre fidèles à la religion de leurs pères et de leurs patrons ; on les amène habillés de neuf, souhaiter la fête du chef d'usine pour qu'on sache combien celui-ci est aimé de ses ouvriers et pouvoir dire que l'usine n'est qu'une grande famille. Enfin et surtout, ces secourus sont ce qu'en langage de prisons on appelle des « moutons » ; ils sont chargés d'espionner les autres ouvriers, leurs camarades, qui ne vivent eux, que de leur propre travail, et de dénoncer au chef d'usine ceux qui parlent de résister à ses volontés, de faire la grève, ceux qui animent et dirigent le mouvement.

Ainsi, au jour où la grève éclate, on s'étonne que certains ouvriers soient arrêtés de suite par les gendarmes sous un prétexte ridicule. Ce sont ceux qu'on considère comme les meneurs et qui ont été dénoncés comme tels par les moutons.

Espionnage, lâcheté, abandon de toute dignité humaine, du courage au travail, de la confiance en soi-même, de l'esprit d'initiative, de la solidarité, voilà quels sont les fruits de la charité patronale vis-à-vis des ouvriers.

A mesure que s'augmente la culture intellectuelle de la classe ouvrière, il devient plus difficile de lui faire accepter les sophismes grâce auxquels on prétendait lui faire trouver juste et légitime l'exploitation patronale.

Le jésuite le plus subtil ne pourra plus jamais faire valoir ses « distinguo » en présence de ce fait brutal : Si le patron ne s'était pas enrichi du travail de l'ouvrier, il n'aurait pas le moyen de lui faire la charité, et si l'ouvrier n'était pas resté misérable en travaillant pour enrichir le patron, il n'aurait pas besoin de la charité de celui-ci.

Voilà ce qui ouvre les yeux aux moins clairvoyants et qui apporte la conviction dans les esprits les plus bornés.

Aussi les patrons évitent-ils maintenant d'étaler ostensiblement leurs œuvres charitables.

Il est entendu que tous les manœuvres employés par le bon capitaliste, par l'usinier, père de famille sont à l'abri du besoin. Si l'on peut trouver des ménages qui manquent de pain, ce n'est pas parce qu'ils ont trop de bouches à nourrir, c'est parce que le père boit une partie de sa paye, ou parce que la mère n'a pas d'ordre. Ceux-là ne sont donc pas intéressants et on le leur fait voir en les privant de travail à la première occasion. Cependant le patron peut, sans nuire à ses affaires, s'offrir les meilleurs vins et sa femme peut consacrer tout son temps à ses toilettes, à ses réceptions et à ses amants sans que la conduite qu'on condamne chez les ouvrières paraisse répréhensible chez les patrons. Ce qui prouve que le coron et le château ne sont pas régis par la même justice et la même morale. Cela paraît d'ailleurs tout naturel au plus grand nombre, tant est ancienne l'habitude de le voir pratiquer.

Mais si l'on a renoncé, pour ne pas donner prise aux criailleries des journaux socialistes et des gens malintentionnés, aux distributions de pain et de vêtements aux ouvriers, toute grande usine est en revanche flanquée d'œuvres de bienfaisance telles

que logements ouvriers à bon marché, écoles gratuites, avec salles de conférence et cours du soir, crè-
ches pour les petits, bibliothèques, salles de jeux,
cercles et lieux de réunion pour les dimanches, marché réservé aux seuls employés de l'usine où ils
trouvent à un prix modique toutes les denrées de
bonne qualité achetées par le patron directement
au producteur.

Une telle organisation ne défie-t-elle pas toute
critique ? L'ouvrier n'en bénéficie-t-il pas ? et cela
sans rien perdre de sa dignité, on ne lui donne pas,
on lui vend, on prend soin de son hygiène, de son
instruction, on l'éloigne du cabaret, on lui donne le
goût du bien-être et on crée ainsi une sorte de sélection dans la classe ouvrière; ceux qui ont le bonheur
d'appartenir à l'usine bien tenue, philanthropique,
jouissent d'avantages que n'ont pas les autres ouvriers.

Ne serait-ce pas là un des buts poursuivis par le
patron qui a imaginé cette organisation bienfaisante ?
Faire rechercher par tous les ouvriers l'accès de sa
maison, de manière à pouvoir choisir entre tous les
postulants, ceux qui lui conviennent le mieux.

De plus, ne retrouve-t-on pas dans les salaires
payés par ces patrons philanthropes, comparative-
ment aux salaires moyens, une légère diminution par
laquelle il compense les avantages offerts à ses ouvriers ?

Enfin et surtout n'y a-t-il pas dans tous ces soins
dont on entoure l'ouvrier en dehors de son travail,

un ensemble de moyens par lesquels on le surveille et on le tient en même temps ?

L'école et la crèche sont confiées à des sœurs : cela ne les différencie pas de la plupart des écoles de village où les sœurs détiennent encore la plus grande partie des jeunes enfants ; mais cela évite que les ouvriers soient tentés d'envoyer leurs enfants à l'école sans Dieu, et ainsi on est sûr que les générations suivantes d'ouvriers seront élevées dans les bons principes ; à savoir la crainte de Dieu et le respect du patron. Tous les enfants en sortant de classe, récitent une prière, remerciant le patron de ses bienfaits et l'assurant de leur éternelle reconnaissance. Quand au sortir de l'école, ils sont venus prendre à l'usine la place qui leur est réservée, ces jeunes ouvriers bien pensants trouvent dans les cours du soir, les conférences, le cercle et les récréations une continuation de ces bonnes leçons.

Sous la direction du curé qui leur a fait faire leur première communion, ils écoutent de pieuses lectures, ou font de longues promenades, des excursions, des pèlerinages ; on commence à les entretenir des choses de ce monde pour éviter qu'ils n'en entendent parler pour la première fois par des gens animés d'un mauvais esprit. On les prépare déjà à bien voter, on leur fait lire les journaux bien pensants : *La Croix*, *l'Intransigeant*, *Le Petit Journal* et comme récréation le journal de Drumont ; la perspective d'écarteler, d'écerveler et de brûler vifs quelques centaines de Juifs formant un complément tout naturel aux principes de l'Eglise et aux récits militaires.

De temps à autres, pour joindre l'exemple à la parole, on frète de grandes voitures et on emmène les néophytes sur l'esprit et les bras desquels on peut compter assister à des conférences ou des réunions mouvementées. C'est ainsi qu'ils vont grossir le paisible auditoire des prédicateurs non autorisés, incitant les fidèles à la révolution et leur fournissant des gourdins pour soutenir la bonne cause par des arguments sans réplique. Ils vont aussi à Auteuil conspuer Loubet et à Longchamps huer Combes le défroqué. On les adjoint aux bouchers et costeaux de la Villette pour défendre contre les libres penseurs à coups de bâtons et de revolvers, l'ordre et l'autorité, aux cris de : « à bas la République, pour Dieu et pour le Roy ».

C'est ainsi qu'on prépare de bons soldats prêts à se faire tuer pour la patrie, et en attendant cette rare éventualité, on en fait de parfaits sous-officiers et ensuite des serviteurs modèles pour le patron qui a veillé sur leur éducation avec une si touchante sollicitude.

Cet excellent patron a tout prévu. Dans le cas exceptionnel mais possible, où parmi le troupeau des fidèles employés se serait glissée quelque brebis galeuse ou bien si, malgré la constante surveillance, quelque ouvrier s'était laissé endoctriner par les révolutionnaires, il existe un moyen de le faire réfléchir. Il n'est pas seulement ouvrier de l'usine, il est encore locataire du patron, il est de plus son

débiteur pour le marché. En effet, on retient chaque
semaine sur la paye de l'ouvrier tant pour le logement, tant pour les achats de la semaine. C'est une
excellente précaution contre les tentations d'aller au
cabaret. En effet, quand tout a été payé, il ne reste pas
à l'ouvrier beaucoup d'argent disponible. Il lui faut
cependant se vêtir, et sortir un peu. Quand il a femme
et enfants et qu'il a atteint la quarantaine, le cercle
catholique, les lectures et les conversations du bon
curé commencent à lui paraître fastidieuses et il est
blasé sur les épithètes de M. Drumont ou de M. Ro-
chefort dont il possède aussi bien qu'eux le répertoire.

Il préfère faire une partie de cartes avec quelques
camarades en buvant une bouteille, ou promener
ses mioches; en tous les cas, sortir de ce milieu
d'oppression où, malgré la discipline acquise depuis
l'enfance, il commence à étouffer. Pour tout cela il
faut un peu de monnaie en poche. Il y dépense le
peu qu'on lui a versé à la caisse et n'a ainsi jamais
un sou devant lui, quand, par suite de maladie ou
de charges de famille, ce n'est pas lui qui est en
débet. Dès lors, comment faire, s'il était du même
coup révoqué de l'usine et expulsé de son logement?
Il lui faudrait en même temps trouver du travail,
ce qui demande toujours plusieurs jours, souvent
plusieurs semaines, et déménager de suite sans
savoir où sera sa nouvelle usine et par conséquent
sans pouvoir se loger définitivement.

En attendant pas un sou en poche. En sorte
qu'il reste forcément. S'il a eu une velléité de révolte,
une tentative de faire acte d'homme libre au lieu de

rester l'être servile qu'on a voulu faire de lui, il lui faut courber de nouveau la tête et demander pardon à celui qui l'a destiné depuis sa naissance à être sa chose, sa propriété, un rouage dans son mécanisme, un animal à son service et qui a pris de sages et habiles précautions pour lui enlever tout moyen de lui échapper.

Tels sont vis-à-vis de l'ouvrier le but et le résultat de la charité patronale déguisée sous la forme d'œuvre de bienfaisance, l'esclavage, la domestication, la déformation cérébrale. Cette organisation a de plus, une répercussion sur le reste de la société.

Elle crée dans la classe ouvrière un petit clan spécial qui excite la jalousie des uns, le mépris des autres, en tous les cas un sentiment d'hostilité qui s'oppose à la solidarité naturelle et bienfaisante que devraient éprouver les uns pour les autres tous ceux qui ont les mêmes besoins et les mêmes maux.

Comment une revendication d'ouvriers d'un corps de métier quelconque en vue d'une amélioration de leur situation est-elle possible si l'on sait d'avance que dans telle usine occupant plusieurs centaines d'ouvriers, le mouvement ne sera pas suivi, parce-que les ouvriers sont trop domestiqués ou asservis par le patron et mis dans l'impossibilité matérielle de faire valoir leurs droits.

Comment formuler seulement une pétition générale de toute la classe ouvrière, si la presse capitaliste est toujours en possession de quelques centaines de signatures recueillies par la force chez ces malheureux esclaves de la bienfaisance patronale ?

Comment élire un conseiller municipal, un député un peu moins ouvertement inféodé à l'autorité capitaliste et religieuse, si celle-ci peut compter sur un groupe compact d'électeurs auxquels, par prudence, on ne remettra qu'à l'entrée de la salle de vote, le bulletin qu'ils doivent faire seulement le geste de déposer dans l'urne.

Et c'est ainsi que s'accomplit l'acte tout-puissant du citoyen libéré par la Révolution !

Enfin au point de vue économique, l'organisation du marché spécial à l'usine est une ruine pour tout le commerce local.

Il est impossible d'empêcher que des parents, des amis, des ouvriers, ne se fournissent aussi au marché de l'usine ; on ne peut contrôler si tout ce qu'achète un ouvrier lui est strictement destiné et si une partie n'est pas recédée, quelquefois avec un léger bénéfice. De ce fait ce n'est plus seulement le personnel de l'usine mais une forte partie de la population du pays qui cesse d'achalander le commerce local.

De là une difficulté dans les affaires et une haine qui partage en deux camps ennemis la population où sévit une de ces œuvres philanthropiques.

Enfin dans ces pays, il est impossible de songer à créer une coopérative ouvrière, c'est-à-dire la seule organisation qui permette à tous les ouvriers de régler leurs dépenses au même taux que le font ceux qui possédant un peu d'avance, peuvent acheter au prix de gros ou de demi-gros.

Résumons-donc le bilan de l'institution charitable annexée à l'usine par le patron philanthrope ; au point de vue économique, retard dans l'organisation de coopérations où la classe ouvrière trouve un légitime bénéfice et un encouragement à l'association et à la solidarité. Ruine du commerce local, et par suite atteinte à la richesse publique. Concurrence déloyale aux autres patrons qui tout en payant mieux leurs ouvriers et en les traitant plus humainement, se voient préférer ces maisons qui séduisent par l'illusion d'un bien-être assuré, obstacle aux justes revendications et réclamations des ouvriers similaires par la formation de groupes de « jaunes » mis dans l'impossibilité de résister à la volonté des patrons. Par suite abaissement des salaires ou impossibilité de les relever ainsi que de diminuer la durée du travail ou d'en améliorer les conditions. Au point de vue politique : suppression du vote, obstacle à l'élection de tout candidat libéral ou seulement indépendant, domination absolue du parti capitaliste, clérical, pseudo-patriotique et antisémite.

Au point de vue social :

Empêchement de toute culture intellectuelle sous le masque d'instruction autoritaire donnée au seul point de vue religieux et capitaliste, abaissement de la dignité et de l'initiative humaine. Transformation d'un groupe d'hommes en un troupeau d'esclaves.

Nous pouvons ajouter d'une façon générale,

mépris des lois, il s'entend, de celles qui protègent l'ouvrier : loi sur la durée du travai', sur les accidents du travail, sur l'âge des enfants employés dans les usines, tout cela est lettre morte pour le patron philanthrope. Ne donne-t-il pas à ses ouvriers bien autre chose que ce à quoi ils ont droit ? dès lors il n'est pas tenu de s'inquiéter quel est leur droit. N'y gagnent-ils pas ? En cherchant un peu, on s'aperçoit que c'est lui qui n'y perd pas.

Il y a un travail aussi pénible que peu rémunéré pour lequel on a besoin de jeunes enfants, c'est celui des verreries où un gamin dégourdi doit servir le souffleur de verre.

Longtemps en France on a employé à cette besogne les petits Italiens. C'était très avantageux, ils sont très adroits, on les paie moins que tous les autres, et s'ils meurent, comme cela arrive pour la plupart au bout de quelques années, cela fait des ennemis de moins pour la France.

Pour toutes ces excellentes raisons, nos grands verriers nationaux faisaient une abondante consommation d'enfants que le Piémont continuait à leur fournir par l'intermédiaire de padrones, véritables négriers, faisant le commerce de chair humaine qui consiste à livrer au patron verrier un certain nombre d'enfants à tuer chaque année moyennant un abonnement payé au livreur. Quant aux enfants, pour tout salaire, ils avaient de quoi ne pas mourir de faim. Les parents recevaient au pays tant par enfant qu'on leur prenait et comme ceux-ci ne revenaient pas, c'était tout bénéfice ; il n'y avait plus qu'à en faire d'autres.

Chose surprenante, une si ingénieuse organisation qui contentait tout le monde, a trouvé des détracteurs. Il y a quelques années, un consul italien fit à St-Denis une enquête approfondie dont les résultats imprimés dans le *Temps* frappèrent de pitié toutes les personnes charitables, y compris le patron verrier et ses actionnaires. On cessa d'employer les petits Italiens.

Mais ce tribut une fois payé à la sensibilité humaine on chercha par qui les remplacer, pour ne pas diminuer le rendement de l'usine et les dividendes, et on trouva les petits Français élevés par charité !

Pour ceux qui se refuseraient à le croire, nous citerons les faits rapportés par M. Gaston Cagniard, dans une enquête ouverte à ce sujet et publiée dans la *Petite République* (mars à juin 1903), sous le titre de l'Assistance cléricale. Orphelinats industriels.

Nous aurons à citer en plusieurs cas ces documents qui prouvent surabondamment nos propositions. Pour le cas spécial des patrons verriers, voici le résultat de l'enquête :

A l'ouest de l'arrondissement d'Avesnes, tout près de la frontière belge, se trouvent les verreries de Trélon et de Glageon, distantes l'une de l'autre d'environ deux kilomètres ; la première de ces verreries est dirigée par M. Fournier, la seconde par M. Dubois, et toutes les deux ont un orphelinat-annexe où de jeunes garçons sont logés et nourris.

A la vérité, une distinction s'impose à propos de ces deux établissements : tout le monde convient que si à Trélon les enfants vivent dans d'assez bonnes conditions matérielles, il n'en est pas de même à Glageon.

L'orphelinat de Glageon se compose d'une vingtaine d'enfants ; il fut fondé au début de l'année 1902 par les soins de l'abbé Santol. C'est à Glageon que ce dernier casa le fameux frère Combe, renvoyé pour actes immoraux de la verrerie de Saint-Germer-de-Fly dans l'Oise. C'est à Glageon que les gendarmes vinrent en octobre 1902, cueillir ledit Combe pour l'incarcérer à Beauvais, en attendant sa comparution en cour d'assises, où il devait récolter six ans de réclusion pour les attentats à la pudeur qu'il avait perpétrés à Saint-Germer sur les enfants confiés à sa garde. La chose causa ici même un certain bruit, et tout le monde convint que l'abbé Santol avait une bienveillance étrange à l'égard d'un homme qu'il savait pourtant d'une moralité fort discutable.

Mais passons. Après Combe, il y eut à l'orphelinat de Glageon un autre surveillant. Celui-ci ne fit-il pas l'affaire de M. Dubois le patron ? Je ne le sais point : en tous cas, il fut récemment congédié, et depuis deux ou trois mois, c'est une femme qui a la charge de préparer la nourriture et de veiller à l'entretien des jeunes pensionnaires.

Quel est maintenant le régime des enfants à Glageon ? j'aurais désiré, comme je l'ai fait pour la verrerie de Trélon, sur les renseignements que j'avais obtenus, interroger M. Dubois, le directeur. Mais je n'ai pu le voir ; il était en voyage. Force m'est donc de me borner aux informations recueillies çà et là dans le pays.

A Glageon, me dit-on, il arrive fréquemment que des enfants s'enfuient, se plaignant de mauvais traitements. Plusieurs sont venus échouer entre les mains des commissaires de police avoisinants. Le commissaire d'Hirson, notamment, en a fait rapatrier plusieurs à Paris.

Il est certain, ajoute une autre personne, que les enfants de l'Orphelinat de Glageon n'ont pas l'air heureux ; leurs vêtements sont minables et nul ne peut s'étonner qu'ils cherchent à s'enfuir... mais pourquoi, demandai-je, le recrutement des enfants nécessaires à la verrerie ne se fait-il pas dans le pays même ; pourquoi n'emploie-t-on pas les enfants des verriers ? Pour une raison bien simple : c'est que les enfants du pays ne veulent pas travailler à la verrerie, à cause des salaires dérisoires qui leur sont payés ; force est donc de prendre ailleurs des petits malheureux ; cette main-d'œuvre au rabais, c'est à l'abbé Santol qu'on la demande, et c'est lui qui la fournit, à Glageon comme ailleurs...

Comme je le disais tout à l'heure, pour l'orphelinat voisin de Trélon, ce n'est pas tout à fait le même son de cloche. Le patron, M. Fournier, paraît un tout autre homme que M. Dubois, de Glageon, et dans son établissement la situation matérielle des enfants ne prête pas autant à la critique.

L'orphelinat de Trélon fut fondé il y a environ deux ans, sous l'ancien directeur M. Jonquin, un clérical notoire et militant du pays. Cet orphelinat nourrit une trentaine d'enfants. Ils sont, raconte-t-on, tous étrangers à la région et fournis eux aussi par l'abbé Santol.

Ils sont pourtant convenablement nourris et habillés d'une façon sortable ; mais ils vont à la messe tous les dimanches matins : on les y conduit. On les conduit aussi, dans l'après-midi à un patronage clérical, dirigé par le vicaire de Trélon, M. Fourrure.

— Ce vicaire, me dit-on, est un réactionnaire affiché. L'autre jour, en chaire, il prit violemment le gouvernement à partie ; vous voyez d'ici l'éducation qu'il peut donner aux jeunes ouvriers de la verrerie !

Je me renseigne sur les salaires qui sont donnés aux enfants ; on m'affirme que ces derniers ont un petit pécule. Sur le mode de surveillance de l'orphelinat, rien à dire ; c'est un ménage, mari et femme, qui ont le soin de veiller à l'entretien des jeunes gens.

Pourtant, un surveillant, lui encore fourni par l'abbé Santol, reste chargé de contrôler les enfants dans leurs occupations, et de les surveiller le dimanche.

Je demande enfin quel est l'âge des petits verriers. Ils ont, me répond-on entre treize et quinze ans. Récemment, toutefois, procès-verbal fut dressé à M. Fournier parce qu'il employait un enfant de moins de treize ans.

Je n'ai pas voulu quitter Trélon sans voir le directeur de la verrerie et sans le questionner sur les informations que j'avais prises sur son établissement.

— Au début, quand pour la première fois il s'agit pour moi de recruter des enfants, je m'adressai à l'assistance publique de Lille. On me répondit qu'on n'avait pas de pupilles à placer. Ce fut même un fonctionnaire de cette administration qui m'indiqua l'abbé Santol, avec qui, alors, j'entrai en rapports.

— Il y a longtemps de cela ?

— Non, à peine deux ans

— Et depuis que vous ne demandez plus d'enfants à l'abbé Santol, à qui vous adressez-vous ?

— A diverses œuvres de philanthropie. Mais c'est difficile allez ! Les établissements industriels jouissent d'une renommée détestable ; on dit que ce sont des bagnes capitalistes ; pourtant je vous l'affirme, ce n'est pas le cas de mon établissement... Les enfants y sont convenablement logés, bien nourris et habillés proprement ; ils ne sont pas maltraités ; s'il est juste de formuler des reproches contre certains patrons, il serait, parole d'honneur, injuste de dire que je suis un exploiteur.

— Quelle est chez vous la situation des jeunes verriers, en ce qui concerne les salaires ?

— Ils ne touchent rien pendant les six premiers mois : je considère ce temps comme une période d'essai, et d'ailleurs je dois récupérer les frais que me causent l'arrivée et l'installation des enfants.

— Et au bout des six mois ?

— Tout dépend de la capacité du sujet... Mais je ne puis vous donner de chiffres exacts à cause de la fondation toute récente de l'orphelinat. Cependant je pose en principe qu'un jeune ouvrier, d'aptitudes moyennes, peut ici gagner convenablement sa vie, et augmenter ses ressources à mesure qu'il se perfectionne dans son métier.

— Les enfants, contrairement à ce qui se passe dans beaucoup d'endroits, apprennent donc chez vous véritablement leur métier et ne restent pas éternellement confinés dans une basse besogne de manœuvres ?

— Non, répond M. Fournier, nous en faisons des ouvriers, et s'ils quittent un jour mon exploitation, ils pourront partout gagner leur vie.

— En somme, ce que vous me dites-là n'a fait que confirmer ce qu'on m'a dit dans le pays. Mais, il est d'autres points sur lesquels je serais heureux de provoquer vos explications et qui sont plus délicats...

J'hésite un peu à poser ma question ; mais M. Fournier me met à l'aise :

— Faites, je vous en prie, je ne veux pas que vous me quittiez avec la moindre arrière-pensée.

— On m'a dit que vos jeunes apprentis étaient obligés d'aller à la messe chaque dimanche.

— C'est vrai... Mais croyez bien que je ne m'associe à aucune propagande, quelle qu'elle soit. Je ne suis ni religieux ni antireligieux ; je ne veux pas faire de politique ; industriel je suis industriel je reste...

— Cependant, cette obligation d'aller à la messe, elle peut choquer certains enfants ?

— Je vous prie de croire que si je fais conduire mes apprentis à la messe tous les dimanches, ce n'est pas par esprit de prosélytisme. Encore une fois je ne m'occupe que de mon industrie. Mais il vaut autant que ces enfants soient à la messe plutôt qu'à vagabonder dans les rues de la ville. Ils sont très jeunes encore, aucun n'a plus de quinze ans... à seize ans d'ailleurs, je leur laisserai plus de liberté.

— Il y a un fait à mon avis plus grave encore, c'est que vous les forcez à aller l'après-midi du dimanche au patronage de M. le vicaire Fourrure, bien connu, lui, pour faire de la propagande politique.

— Croyez-vous ? répond M. Fournier. Moi je ne fais pas de politique.

— Oui, mais M. Fourrure en fait...

— Au reste, ajoute M. Fournier un peu embarrassé, il me semble avoir entendu dire que mes apprentis ne vont plus au patronage du vicaire, parce que mon surveillant avait eu des difficultés avec ce dernier, mais c'est là un point que je n'ai pas approfondi.

— Ne croyez-vous pas qu'il serait préférable, si dans votre juste préoccupation de ne point laisser vagabonder vos jeunes ouvriers, vous voulez leur procurer le dimanche une occupation qui leur soit en même temps une distraction de les envoyer dans un endroit neutre, au point de vue confessionnel ? Chez l'instituteur laïque, par exemple, si celui de

Trélon, comme beaucoup de ses collègues, a institué des conférences dominicales ?

— Ma foi, j'avoue n'y avoir pas pensé, j'ignore même ce que fait l'instituteur.

Et M. Fournier me répète en souriant :

— Je ne m'occupe pas de politique, je ne suis ni religieux ni antireligieux ; c'est l'affaire des journalistes, non pas celle des industriels ..... »

Que dans cette industrie où on spécule sur la misère et où on exploite la faiblesse des enfants la religion soutienne le capital et couvre ses méfaits, il n'y a pas de quoi nous étonner. D'un bout à l'autre de cette étude c'est la conclusion de chaque fait cité et quand nous mettrons en évidence l'intérêt personnel qui se masque derrière la pitié affichée pour le malheur des autres nous serons chaque fois obligés d'écarter les plis d'une soutane couvrant ces méfaits.

La charité peut être symbolisée par le tableau suivant : un cambrioleur homme du monde dévalisant les petits logements, chambres d'ouvriers, chambre de bonnes, mansardes du sixième, et soupentes à peine habitables, faisant main-basse sur les quelques misérables hardes et les menues pièces de monnaie dont le vol fréquemment renouvelé finit par lui constituer une fortune. D'ailleurs aimable, gracieux et entreprenant, courtisant la fille tandis qu'il la dépouille, flattant le miséreux qu'il laisse sans pain, et n'employant la violence qu'à la dernière extrémité. Cependant que le prêtre compère indispensable appelle sur le palier les victimes pour laisser plus de facilités au cambrioleur, les entretient des délices du monde futur et des mérites des gens bien élevés, pendant le temps nécessaire à les dépouiller de tout ce qu'ils possèdent.

Dès lors il n'est pas surprenant que dans le cambriolage de l'orphelin que représente les œuvres de charité annexées aux industries meurtrières, nous voyons figurer au premier rang les représentants de la religion. C'est régulier, et il est bon qu'il en soit ainsi. Mais nous avons le droit et le devoir de protester quand des pupilles de l'assistance publique se trouvent par exception, embarqués sur cette galère. Ceux-là n'ont pas été volontairement livrés et vendus par leurs parents à une bande noire. Le manque de parents les a seul fait tomber à la charge de la société. Occasion exceptionnellement favorable pour leur donner une éducation libérée de tous les vices qu'entraînent la sensiblerie, la lâcheté et l'ignorance des parents, champ d'études merveilleux et instrument de progrès pour l'avenir. L'assistance publique devrait être à l'éducation ce que les Fermes-Ecoles sont à l'élevage.

Au lieu de cela, nous voyons l'administration imiter dans quelques cas les patronages cléricaux et écarter timidement le prêtre qui cherche avec sa ténacité habituelle à s'emparer de ce lot d'enfants à pervertir, suivant la formule connue : cet argent n'est à personne, donc il est à moi, l'Eglise considère comme lui appartenant toute personne qui n'est pas réclamée, ni protégée par d'autres. Riche ou pauvre, elle la prend sous sa domination : si elle a quelque bien, on le fait passer doucement dans la communauté. Si elle n'a rien, on trouve moyen, au bout de quelque temps, de réclamer le prix des soins à des parents, à des associations, au département, à la commune mais cependant on a tiré tout le parti possible de l'individu recueilli qui a ainsi payé bien au-delà la misérable pitance qu'on lui octroye ; quels que soient l'âge, l'état de santé, les capacités du soi-disant secouru, on en fait toujours quelque chose avec une ingéniosité admirable, les bonnes sœurs savent employer les vieillards les plus usés, les enfants les plus jeunes, les gens les plus affaiblis. Dix font l'ouvrage d'une personne valide mais finalement l'ouvrage se trouve fait.

Ainsi pour chaque personne recueillie, la congrégation tire parti de son travail, prend son capital s'il en a, recueille son héritage par le moyen de personnes interposées, mais en outre et surtout fait valoir aux yeux du public son œuvre de charité et reçoit avec l'hommage de respect et d'admiration de tous, un chiffre très considérable de dons.

Qui donc, parmi les anticléricaux les plus féroces, oserait parler irrespectueusement des Petites sœurs des pauvres !

Au seuil de leurs établissements, la loi s'arrête désarmée, comme devant leurs cornettes les libres penseurs émus baissent la tête. Ce sont d'admirables filles, en effet, que ces paysannes, ces pauvres enfants du peuple qui, par leur seul groupement et sans autre capital que l'esprit de l'Église qui les anime ont pu, en un demi-siècle, acquérir plusieurs millions et cela par le seul fait de secourir les vieillards pauvres et infirmes !

Ne crions pas à l'invraisemblable, ne sommes-nous pas dans le milieu des miracles, qui ressemble tant au monde des fées qu'on peut croire à une nouvelle adaptation de ces contes bleus à l'usage du public qui, en vieillissant, reste toujours le même enfant naïf, crédule et amateur de merveilleux.

Mais pour ceux qui cherchent un peu de vérité étayée sur des faits, n'est-ce pas toujours le même mode de procéder couronné du même succès que nous retrouvons chez les Petites sœurs des pauvres après l'avoir suivi chez les sœurs du Bon-Pasteur et que nous reverrons en parlant de l'abbé Santol, de ses origines, de ses condamnations et de leurs brillants résultats ?

Prendre à charge le plus grand nombre d'individus possible, attirer à soi tous ceux qu'on peut conquérir, allécher par toutes les promesses quelque mensongères qu'elles soient ; pour cela avoir des représentants, des racoleurs, en nombre infini dans tous les pays, dans tous les milieux, le clergé séculier et régulier, celui qui se cache sous les vêtements laïcs comme celui qui s'avoue sous le costume ecclésiastique, toutes les congrégations des deux sexes et toutes les personnes bien pensantes qui multiplient leur nombre et leur puissance, tous ces gens-là songent et s'efforcent constamment à confier à quelque communauté toute personne, enfant ou vieillard, malade ou infirme, affaibli de caractère héréditairement ou pour maladie, sans parents ou abandonnée par sa famille.

Ce sont surtout les enfants ou les tout jeunes gens que recherchent les congrégations.

Avec eux tout est profit : n'a-t-on pas l'avenir devant soi ?

Aussi avec quel zèle se fait le recrutement dans tous les pays pauvres. La lettre suivante adressée à *la Petite République* par M. Guitet-Vauquelin, le 21 mai dernier en donne une idée.

« Des prêtres séculiers recrutent dans chaque commune des adolescents qu'ils envoient à Paris, promettant aux familles :

1° De leur apprendre un métier ;

2° De leur remettre chaque mois 12 francs pour leurs familles ;

3° De leur remettre 3.000 francs lorsqu'ils auront atteint leur vingt et unième année.

L'émigration s'effectue dans des proportions inquiétantes.

Des renseignements plus amples ne me sont pas encore parvenus des diverses localités ; je vous les transmettrai dès qu'ils seront en ma possession. Mais voici d'ores et déjà quelques chiffres exacts : 12 jeunes gens du petit village de Castellare de Mercurio (300 habitants), 70 de Corté ont été dirigés sur la capitale. On m'annonce le départ imminent de 90 jeunes gens de Corté, 6 de Poggio-di-Venaco (500 habitants), etc...

Le voyage leur est payé. Les familles séduites par de si avantageuses propositions cèdent leurs enfants.

Cependant il y a de l'incompris et du mystérieux dans l'affaire.

Les parents ne savent guère au fond, où et comment leurs fils seront traités à Paris. Pour ma part le fait me semble digne d'attention, et à deux points de vûe.

1° « La Corse se dépeuple, chaque jour, avec une plus vertigineuse rapidité. On compte plus de 30.000 Corses hors de l'île.

Les campagnes sont dépourvues de jeunes gens et d'adultes.

Il n'y a plus que des vieillards, des femmes et de tout petits enfants. Les agriculteurs ne trouvent plus d'ouvriers. Vingt mille Italiens comblent les vides. Cette action cléricale va couronner l'exode des naturels.

2° Qu'est-ce que cette concentration d'énergies jeunes sur Paris ? Le clergé n'escompte-t-il pas la reconnaissance des jeunes gens qu'il emmène et auxquels il promet monts et merveilles, pour fomenter des troubles, et l'heure sonnée pour tenter de contrarier la paix républicaine ? »

Je ne saurais mieux commencer mon enquête sur l'assistance cléricale qu'en parlant du placement familial, œuvre de philanthropie catholique, dirigée à Paris 3, avenue de la Motte-Piquet, par l'abbé Santol.

Qu'on ne s'y méprenne pas : si je m'occupe à nouveau de cet ecclésiastique, ce n'est pas par haine, ce n'est pas même par rancune.

L'abbé Santol, contre lequel je n'ai aucun motif

d'animosité personnelle, n'est pour moi qu'une entité, et si je parle encore de lui, c'est qu'il personnifie l'assistance cléricale sous les trois aspects que j'énumérais dans mon précédent article, à savoir l'hospitalisation de l'enfance : 1• Dans des établissements purement congréganistes ; 2° dans des orphelinats industriels ; 3° chez des particuliers. De plus l'abbé Santol est peut-être en France le plus puissant agent recruteur qu'il existe, et le nombre d'enfants placés par lui s'élève, on le verra tout-à-l'heure, à un chiffre considérable.

Je suis donc en droit de consacrer une partie importante de cette enquête à l'étude du « Placement familial ». Je le ferai sans passion, guidé par le seul souci de l'exactitude, et je ne m'appuierai que sur des documents soigneusement contrôlés.

Je me déclare à l'avance prêt à tenir loyalement compte des rectifications qui pourront m'être adressées, et s'il m'arrive d'accuser je ne veux pas qu'on puisse me reprocher d'étouffer la voix de ceux que j'aurai mis en cause.

Depuis sa comparution en cour d'assises, au mois de septembre 1900, l'abbé Santol, comme il le déclare lui-même, a vu son œuvre s'accroître considérablement : le monde catholique et réactionnaire, qui prit si efficacement sa défense au moment de ses « malheurs », lui prodigue aujourd'hui plus que jamais son appui et sa protection. Voici à ce propos la liste des membres du « Placement familial », qui depuis l'année 1901, est devenu une association régulièrement constituée, conformément à la loi.

MM. l'abbé Santol, marquis de Maubou, comte de Remagne, marquis de Meckenhein, comte de Kergolay, baron Vilmarest de Saint-Malo, vicomte de Merlet de Logelière, comte Berthier de Sauvigny, de Rochemonteix, comte de Beaufort, comte de la Mieulle, comte du Pont, comte de Bruce.

L'abbé Pelissier, Haroux, de Sainte-Valière, Grignet, docteur Bonnet, commandant Querry, Adolphe Demy, docteur Forry, Arthur Loth, Henri Roger, Paul Venail, Meyer, Dauchez, J. de Saludes, l'abbé Meuley, Quentin, Ruinart.

Chappoy, Hervieu Martin, l'abbé Hély, L. Caire, Coulbaux, Michel, Brasseur, Cellier, Thiot, Girard, de la Suchette, Mmes : marquise de Maubou, Dauchez, de Paummule, etc...

Quel est le but de l'œuvre du « Placement familial » ?

Il s'agit nous dit-on de venir en aide à l'enfance malheureuse, d'élever les enfants jeunes, de fournir du travail à ceux qui sont plus âgés. Nous examinerons bientôt si les modes du fontionnement du Placement familial, diffèrent sensiblement de ceux qui étaient en usage avant l'arrestation de l'abbé Santol, et parmi lesquels le parquet de la Seine avait cru devoir relever des agissements criminels.

Examinons aujourd'hui les résultats de l'œuvre de l'avenue de la Motte-Piquet. Dans une lettre que nous avons publiée dans notre numéro du 25 mars dernier, l'abbé Santol sans fausse modestie, se glorifie d'avoir placé cinq mille créatures indigentes du

15 septembre 1900, jour de son acquittement par les jurés de la Seine, au mois de mars de cette année.

Nous concédons volontiers à l'abbé Santol qu'il n'exagère rien. Et nous allons nous-mêmes fournir à nos lecteurs des renseignements plus circonstanciés.

Le 20 décembre dernier, le Placement familial tenait son assemblée générale à Paris dans les salons du marquis de Maubou, 50, rue Fabert ; pieuse assemblée qui commença par la prière d'usage et se termina mêmement. L'abbé Santol, en sa qualité de directeur du Placement familial, fit l'exposé des placements opérés par lui au cours de l'année 1902. Voici ses propres chiffres :

1.158 enfants âgées de moins de treize ans ;

1,116 jeunes gens de treize à dix-huit ans.

Soit au total en un an, 2.274 placements, dont 1.761 garçons et 513 filles.

Ces placements se répartissent ainsi :

Dans les orphelinats : 304.

Chez des particuliers, en province : 1.970.

Si à ces chiffres d'une année, on ajoute les 4.613 placements antérieurs, on arrive à ce joli total :

6.887 enfants placés recueillis à Paris et envoyés dans tous les coins de la France.

Ces chiffres que vous citez, nous dira l'abbé Santol, sont la plus éloquente défense que je puisse opposer à vos attaques.

Et avec lui les gens impartiaux pourront penser que l'œuvre de l'abbé Santol, pour être inspirée d'un esprit clérical, n'en donne pas moins des résultals utiles dont il importe de tenir compte : et que, s'il est vrai que l'abbé vient au secours d'une si grande quantité d'enfants malheureux, sa besogne est méritoire et digne d'imposer le respect.

Nous prions les gens impartiaux de réserver leur jugement jusqu'à plus ample information. C'est au pied du mur qu'on juge le maçon, dit un vieux proverbe. C'est dans son fonctionnement intime que nous jugerons le Placement familial. Il nous faut examiner de quelle façon l'abbé Santol vient au secours de l'enfance et quel genre d'assistance il lui donne ; comment — selon sa propre expression — il recrute les enfants qu'il embarque chaque nuit aux gares de la capitale, et quelle situation ces enfants trouvent en arrivant à destination.

Et comme tout dépend dans des œuvres telles que le Placement familial, de l'esprit qui préside à leur fonctionnement et des hommes qui sont à leur tête, j'ai le devoir d'examiner ce qu'est l'abbé Santol, de parler de sa vie, de sa carrière de prêtre.

Suivant la règle que je me suis imposée, je n'utiliserai pour cette biographie que des documents indiscutables, des renseignements dûment contrôlés.

Ce sera d'abord l'acte d'accusation de M. le procureur général de Paris renvoyant l'abbé Santol devant la cour d'assises de la Seine; ce sera ensuite le réquisitoire prononcé à l'audience de la cour d'assises le 14 septembre 1900, par l'avocat général Lénard; la modération incontestable de ce réquisitoire ne peut que lui donner une portée particulièrement décisive.

J'utiliserai aussi un mémoire adressé par l'abbé Santol en mai 1895 au président du tribunal civil de première instance de la Seine. Dans ce mémoire rédigé aux fins de poursuites contre un sieur L...., l'abbé Santol fait le récit de son existence alors qu'il était curé de Cerbère, et il y présente un exposé personnel de ses nombreuses tribulations.

L'abbé Joseph Santol naquit à Céret dans les Pyrénées-Orientales, le 10 mai 1853. Il fit ses débuts dans la carrière ecclésiastique à l'institution de saint-Louis-de-Gonzague de Perpignan, en qualité de professeur, et il fut bientôt après envoyé comme vicaire à Banyuls-sur-Mer. Le village de Cerbère rattaché jusqu'en 1884 à Banyuls, fut à cette époque érigé en commune, et l'abbé Santol obtint, peu après, d'en être nommé curé desservant.

L'activité du jeune prêtre qui sera la caractéristique de toute sa vie, ne tarda pas à se manifester. La paroisse de Cerbère était dépourvue d'Eglise et de presbytère : l'abbé Santol se mit en campagne et, par des souscriptions, des quêtes et des dons, parvint à se procurer une somme de 250.000 francs bientôt portée à 350.000 par divers emprunts.

Une Eglise fut bâtie qui coûta 80.000 francs, ainsi qu'un presbytère qui coûta 20.000 francs, le reste, soit 250.000 francs fut affecté à la construction d'immeubles de rapport : écoles payantes congréganistes, locaux loués avec un bail de vingt ans et moyennant un loyer annuel de 7.200 francs à la Compagnie des chemins de fer du Midi, qui y logea ses employés.

La municipalité républicaine de Cerbère ne tarda pas à avoir avec le curé de multiples démêlés : elle lui intenta notamment plusieurs actions civiles dont il semble être sorti à son avantage. Nous ne nous attarderons pas sur ces démêlés ; disons simplement qu'à la suite de poursuites intentées contre un frère de l'école de Cerbère, pour outrages aux mœurs, et qui se terminèrent d'ailleurs par un acquittement, l'autorité universitaire interdit d'enseigner au directeur et à la supérieure des écoles religieuses.

Les affaires de l'abbé Santol, le souci de la construction de ses immeubles le forçait à s'absenter souvent de Cerbère, ces absences laissaient ainsi la la paroisse sans desservant.

Dans l'espace d'un seul mois, nous écrit un habitant du pays, deux familles durent faire enterrer civilement leurs parents, malgré leur volonté et faute de curé. Une autre fois, un enfant de trois mois fut porté en terre dans les mêmes conditions, précédé d'un jeune séminariste qui n'avait pas reçu son ordination.

Cette insouciance de ses fonctions n'empêchait pas l'abbé Santol de fulminer contre ceux qui se faisaient enterrer sans le secours d'un prêtre. C'est ainsi que le 9 août 1888, avait lieu un enterrement civil, cette fois conformément aux volontés du défunt. Trois jours après, l'abbé Santol traitait en chaire le cadavre d'infect et ceux qui le suivaient de misérables.

Le curé de Cerbère affichait ouvertement ses sentiments les plus réactionnaires. On raconte à ce propos qu'en juillet 1886, jour d'une fête religieuse, il pavoisa le clocher d'oriflammes aux couleurs diverses, notamment aux couleurs espagnoles, mais où l'on cherchait vainement les couleurs françaises.

En outre il obligeait les ouvriers qui construisaient l'église à travailler le jour de la Fête nationale.

Le 23 juin 1889, jour de la Fête-Dieu, un moine étranger au pays, jésuite expulsé de France, vint à Cerbère prêcher contre nos institutions ; après lui l'abbé Santol prit la parole et se livra à une diatribe enflammée contre la République, dont il prédit la fin. C'est alors que l'administration des cultes décida de supprimer le traitement du desservant de la paroisse de Cerbère.

Les chefs religieux de l'abbé Santol, enclins naturellement à le protéger, se virent bientôt amenés à sévir contre lui.

L'évêque de Perpignan, renseigné sans doute mieux que personne sur le compte de son subordonné, décida de le déplacer ; mais cette mesure fut rapportée, l'abbé Santol ayant mis son évêque en demeure de payer les dettes qui grevaient les immeubles du culte. L'évêque interdit alors à l'abbé Santol de franchir, sous peine d'interdiction, les limites de l'arrondissement de Céret, et il s'opposa à ce que l'œuvre du denier du culte mît à sa disposition les secours pécuniaires qu'elle envoie aux curés privés de leur traitement.

Le conflit de l'abbé Santol avec son évêque va bientôt devenir plus aigu. A la fin de 1891, le curé de Cerbère projetant d'établir dans ses immeubles un orphelinat des Chemins de fer, vint à Paris solliciter l'appui des Compagnies.

L'évêque de Perpignan voyant ses ordres méconnus, frappa l'abbé d'interdit, lui ordonnant de quitter Paris, lui défendant de célébrer la messe jusqu'à ce qu'il se fût présenté devant lui ; une note insérée dans la *Semaine religieuse* de Perpignan interdit en outre à M. Santol l'œuvre de l'orphelinat.

Dans le but sans doute de tourner cette dernière défense, l'abbé Santol entra en relation en 1892 avec le sieur L... qui se chargea de la création à Cerbère d'un orphelinat des employés de chemins de fer. M. Santol lui céda, à charge de payer ses dettes, les immeubles précédemment loués à la Compagnie du Midi.

La correspondance entre l'abbé Santol et le sieur L... qui fut saisi il y a trois ans au cours de l'instruction et dont l'avocat général fit état dans son réquisitoire, va nous montrer les raisons pour lesquelles l'évêque de Perpignan, quoi qu'il dût lui en coûter, se montrait si sévère à l'égard de l'abbé Santol.

Celui-ci se réserve, dans l'orphelinat naissant, le rôle modeste d'aumonier ; il entend comme il le dit lui-même, remplir l'office de « frère quêteur ». Ce rôle paraît être en effet son unique préoccupation. Il écrit au sieur L... : A quand le voyage à Paris pour ramasser la belle et bonne galette ? Dans une autre lettre : Mon rôle à moi est de tirer la ficelle de la galette. Et ailleurs encore : Je ne puis sortir tant que j'aurai au pied ce boulet d'une cure. Il me tarde fort de la balancer... Je me fais fort de valoir 80.000 francs.

On conviendra que ce n'est pas très édifiant, et pour employer l'expression de l'avocat général Lénard, l'image d'un prêtre traînant sa cure comme un boulet est d'un effet si inattendu qu'elle froisse même les mécréants les plus endurcis.

Mais bientôt d'autres difficultés surgissent entre l'abbé Santol et son associé le sieur L... à l'égard duquel, nous en convenons volontiers, on ne saurait trop réserver son opinion, cherche à l'écarter de l'orphelinat, et finit un beau jour par lui en interdire l'entrée. Un procès s'ensuit ; après l'avoir gagné en première instance, l'abbé Santol transige : les bâtiments cédés à l'orphelinat lui font retour ; plus tard il les vendra aux frères Saint-Jean-de-Dieu.

Ces multiples affaires ne suffisent pas à l'activité de l'abbé Santol ; nous le voyons successivement ou concurremment commis-voyageur d'une agence de douane, commerçant, sous le titre d'économat domestique, il fonde une épicerie ; nous le voyons encore occupé d'une émigration d'Espagnols au Chili, avec un bénéfice de 40 pesetas par tête d'émigrant ; l'émigration ne réussit pas et son associé est arrêté à Barcelone. L'abbé Santol, — j'emprunte tous ces détails au réquisitoire de M. Lénard — aurait même commis des délits de contrebande, et on l'aurait surpris faisant passer en Espagne, en le dissimulant sous ses habits sacerdotaux, du drap pour soutanes. Enfin, notre héros s'occupait de patronner des œuvres purement commerciales ; des marchands de vins entre autres auxquels il délivrait des certificats ainsi conçus :

Je soussigné, curé desservant de la paroisse de Cerbère, déclare que M. X..., porteur de la présente attestation, prend l'engagement très méritoire de donner une partie du modeste produit de son travail en faveur des écoles libres de Cerbère, et mes renseignements me permettent de certifier en outre que le vin par lui offert est absolument naturel.

Nous avons ainsi l'explication de l'attitude de l'évêque de Perpignan à l'égard de l'abbé Santol ; quoi qu'il lui en coûtât, l'évêque était bien forcé de reconnaître que le curé de Cerbère dépassait la mesure permise. En 1894, il se décida à le déplacer, et il l'envoya comme desservant à Saint-Marsal, au pied du mont Canigou.

L'abbé Santol ne s'inclina pas devant la décision épiscopale ; dans une lettre écrite le 16 novembre 1894 à un ingénieur de la Compagnie du Midi, l'évêque de Perpignan raconte lui-même quelle fut l'attitude de son subordonné et émet sur son compte un jugement sévère. Voici cette lettre :

M. Santol est un révolté ; il a refusé de se rendre au nouveau poste qui lui a été assigné, et au lieu de se diriger sur Rome pour se plaindre au souverain pontife, comme il m'avait écrit qu'il allait le faire, il est allé à Paris où il cherche à surprendre la bonne foi des compagnies de chemins de fer, afin d'en obtenir des secours pour la fondation d'un orphelinat.

M. Santol au lieu de se conduire en bon prêtre, est un brasseur d'affaires n'ayant en vue que des entreprises ou des affaires commerciales. Il n'a jamais pu s'astreindre à s'occuper des intérêts spirituels de sa paroisse, malgré les avertissements que je n'ai cessé de lui donner. Les nombreuses plaintes que j'ai reçues contre lui ne m'ont pas permis de le laisser plus longtemps dans cette paroisse frontière où il avait de trop grandes facilités pour donner cours à ses goûts mercantiles. Son déplacement a été salué par la population et le personnel religieux et laïque de l'orphelinat comme une véritable délivrance.

Désormais l'abbé Santol est débarrassé du boulet de sa cure. Il s'installe à Paris et s'occupera bientôt du placement des orphelins.

L'abbé Santol avait fait connaissance à Paris, vers l'année 1892, de M. le marquis de Gouvello, fondateur de la Société des orphelinats agricoles de France. Cette société, qui existe d'ailleurs toujours, a pour but de placer, moyennant une légère rétribution, dans des établissements choisis par elle, des enfants qui lui sont confiés par leurs parents ou tuteurs. En 1894 nous trouvons l'abbé Santol inspecteur de ces orphelinats, chargé simplement de vérifier si les enfants avaient tout le confortable nécessaire. Des réclamations ne tardèrent pas à parvenir au marquis de Gouvello sur la façon d'agir de son inspecteur. C'est ainsi qu'un curé breton lui écrit :

Je vous confirme la lettre que j'ai eu l'honneur de

vous écrire il y a deux mois, au sujet des entreprises de M. l'abbé Santol dans ma paroisse... Je pense que votre œuvre a répondu du payement des 21 enfants placés dans ma paroisse par votre secrétaire en votre nom, ou de leur rapatriement, et si vous le préférez, ce sera le moyen d'éviter un scandale qui ne peut manquer d'éclater et qui rejaillirait sur votre œuvre. Je viens de faire le voyage de Ploërmel; j'ai appris de la bouche du révérend père Abel que j'ai été roulé par l'abbé Santol ; je ne m'en doutais que trop.

Ces réclamations entraînèrent, de la part de M. Gouvello, des mesures assez blessantes à l'égard de l'abbé Santol ; l'entête des lettres de la société fut changée ; une note indiqua que l'argent destiné à l'œuvre devait être envoyé au marquis de Gouvello ou au secrétaire de l'orphelinat. Je m'en tiens pour expliquer ces mesures à l'avis de l'avocat général Lénard, qui les attribue non à l'improbité de l'abbé Santol, mais à son zèle intempérant, à sa turbulence bien connue.

Ce zèle intempérant et cette turbulence font que l'ancien desservant de Cerbère, incapable de se contenter du rôle effacé d'inspecteur, songe à s'occuper pour son propre compte du placement des enfants pauvres. Il fonde bientôt en effet, au 48 de la rue Fabert, une œuvre pareille à celle du marquis de Gouvello mais s'en distinguant toutefois, par la gratuité de l'admission et de l'entretien des pupilles.

L'œuvre fonctionne pendant plusieurs années, non sans attirer de temps à autre l'attention du parquet, auquel on signale d'étranges irrégularités. Un beau jour les plaintes se précisent ; une information est ouverte.

Le 14 mars 1900 l'abbé Santol était arrêté sous l'inculpation de détournements de mineurs et d'attentats à la pudeur.

L'instruction dura six mois, pendant lesquels l'abbé Santol fut détenu provisoirement en prison. Renvoyé devant la cour d'assises de la Seine, il y fut acquitté, le 15 septembre 1900, après une éloquente et très habile plaidoirie de Me Henri Robert.

Le monde clérical poussa, ce jour-là, un large soupir de soulagement ; plus que jamais il prodigua sa protection à l'abbé Santol, protection qui permit à celui-ci de déménager : « pour cause d'agrandissement» du local exigu de la rue Fabert, où jadis nous le vîmes opérer, et de s'installer bien à l'aise 3, avenue de la Motte-Piquet. A l'instar du marquis de Gouvello il a fondé en cet endroit une société en bonne et due forme, le Placement familial, qu'entre parenthèse il ne faut pas confondre avec le Patronage familial de la place Dauphine. qui est une œuvre essentiellement laïque, et où, comme je l'ai dit, il s'occupe de placer les enfants pauvres à la campagne.

Jadis, comme aujourd'hui encore, l'abbé Santol plaçait les enfants soit dans les orphelinats industriels, soit chez les particuliers. Voici la liste des orphelinats alimentés par l'ancien curé de Cerbère :

Orphelinat de Saint-Charles, au Mans (Sarthe).

Orphelinat du Champ-de-Lioure (Ardèche).

Orphelinat de Cévigney (Haute-Saône).

Orphelinat de la Grande-Trappe (Orne).

Orphelinat de Sainte-Marie-au-Merle (Haute-Garonne).

Orphelinat de Trouhans (Côte-d'Or).

Orphelinat de Saint-Germer-du-Fly (Oise).

Orphelinat de Croismare (Meurthe-et-Moselle).

Orphelinat de Dommarien (Haute-Marne).

Quel est le régime de ces orphelinats où l'excellent père de famille qu'est l'abbé Santol expédie les enfants ?

L'avocat général Lénard en parle en ces termes : Ce que je ne puis approuver, c'est que sous le couvert religieux, on abrite une combinaison mercantile. Lorsque la préoccupation industrielle domine l'élément religieux dans un établissement charitable, on devrait lui retirer ce nom touchant d'orphelinat qui évoque l'image de deuils consolés et de misères providentiellement secourues. De ces orphelins, ajoute M. Lénard, il vaudrait mieux ne rien dire si je n'avais à démontrer avec quelle indifférence ce Santol, ce prétendu sauveur de l'enfance, disposait du sort de ses protégés.

Pour savoir ce que vaut chaque établissement en particulier, je n'ai qu'à puiser dans le réquisitoire.

A l'orphelinat de la Grande-Trappe, un surveillant a été condamné dix fois, dont une fois pour escroqueries. J'ajouterai, me référant aux débats récents de la cour d'assises de Beauvais, qu'il y a des enfants à la Grande-Trappe dont on a perdu l'état-civil, dont on ignore l'origine et l'adresse de leurs parents.

L'orphelinat de Sainte-Marie-au-Merle est extravagant pour employer le mot de l'avocat général ; il vit sous la terreur continuelle de l'intervention diocésaine.

L'inspecteur du travail parle en ces termes de l'orphelinat de Trouhans :

Toute idée philanthropique doit être écartée du but de cette maison, qui a en vue de recruter des ouvrières pour la filature et qui réalise sur elles un bénéfice... aussi le mot orphelinat n'est qu'une étiquette pour désigner l'agglomération des jeunes filles logées et nourries dans le même local, mais qui en réalité, travaillent dans les conditions ordinaires des autres ouvrières.

De 1893 à 1900, de nombreuses condamnations sont prononcées contre le directeur de cet orphelinat pour infraction à la loi de 1892 sur le travail des enfants.

L'orphelinat de Saint-Germer-du-Fly, vaut une mention particulière. C'est celui dont le surveillant, cet ancien frère Combe Sébastien, fut condamné le mois dernier à 6 ans de reclusion par les jurés de l'Oise pour attentats à la pudeur perpétrés avec violence sur les enfants confiés à sa garde.

L'orphelinat de Saint-Germer fut fondé en mai 1899 par l'abbé Santol lui-même, afin de servir d'annexe à la verrerie de M. Lapostolle, qui avait besoin d'ouvriers. Les enfants y travaillent de cinq heures du matin à cinq heures du soir, sauf un repos d'une heure et demie dans la journée.

Ils sont censés gagner un salaire mensuel de douze francs d'abord, de quinze francs ensuite, avec une retenue de cinq francs pour leur entretien. Mais il s'en faut que ce salaire soit toujours payé. Le jeune D... qui travaille pendant six mois à la verrerie, ne reçoit qu'une somme de six francs (un franc par mois).

A Saint-Germer, les jeunes pensionnaires sont l'objet de mauvais traitements, notamment de la part d'un nommé René G... que l'abbé Santol a placé à l'orphelinat en qualité de surveillant de juin à octobre 1899. Ce surveillant — je cite textuellement le réquisitoire — est tout à fait impropre à ses fonctions ; tantôt il traite les enfants avec la plus grande rudesse, les frappant à coups de pied et à coups de poing ; tantôt il les flatte et les caresse, les excitant à la révolte contre le directeur et les ouvriers de la verrerie. Enfin on lui signifie son congé et on le remplace par le nommé Combe, celui-là même dont j'ai tout à l'heure parlé et que nous avons retrouvé le mois passé devant la cour d'assises de Beauvais, convaincu des crimes les plus monstrueux.

Ce Combe était, je l'ai dit, je le répète, l'homme-lige de M. Santol ; lorsque les enfants voulaient retourner dans leurs familles il les retenait malgré eux : c'est ainsi qu'un jour il écrivait à l'abbé : Ch... demande à retourner à Paris ; hier il a écrit à sa mère ; la lettre n'est pas partie, je l'ai brulée.

L'orphelinat de Croismare ne le cède pas, il s'en faut, à celui de Saint-Germer ; les enfants y travaillent de quatre heures du matin à quatre heures du soir et n'ont qu'une heure de repos à midi. Leur salaire est prétend-on, de 30 francs ; mais en réalité ils ne touchent rien, car ils doivent abandonner 22 francs pour leur nourriture et 8 francs pour leur entretien.

Nous retrouvons à Croismare comme surveillant le nommé René G... que nous avons vu tout à l'heure chassé de Saint-Germer.

Ainsi quand un surveillant devient impossible quelque part, l'abbé Santol le replace ailleurs ; ces virements pour me servir de l'expression de l'avocat général Lénard, sont, semble-t-il, dans les habitudes de ce prêtre : tout récemment encore n'envoyait-il pas le nommé Combe comme surveillant dans une usine du Nord, alors que le dit Combe venait d'être ignominieusement expulsé de Saint-Germer, à cause de ses actes immoraux.

Le sieur René G... a gardé à Croismare ses anciennes habitudes : dur et brutal à l'égard des enfants, il leur inflige les punitions les plus inhumaines. Pour une faute légère, le jeune F..., âgé de treize ans, est mis au pain sec pendant huit jours et à l'eau pendant quinze jours.

A Dammarien c'est pire encore. Les enfants sont censés être instruits dans l'orphelinat ; en réalité le seul métier qu'ils apprennent, c'est la confection de bandes d'adresses et l'envoi de circulaires, de lettres de quêtes, d'images et quelles images, de propagande cléricale. La nourriture est exécrable ; on ne mange que de la soupe et des pommes de terre ; jamais ou presque jamais de viande ; on ne boit que de l'eau. La cuisine et le réfectoire sont d'une saleté repoussante ; les dortoirs qu'on a installés dans les greniers, sont inhabitables ; les lits sont garnis d'une mauvaise couverture, si légère que, l'hiver, les enfants sont obligés de dormir entre la paillasse et le matelas pour ne pas geler. La nuit, ces dortoirs ne sont pas surveillés, ou s'ils le sont, c'est par un ivrogne, il s'y commet les actes les plus immoraux. Souvent enfin les enfants sont brutalisés. Le jeune C.., âgé de seize ans s'est sauvé pour se soustraire aux mauvais traitements ; on l'a retrouvé dans une guérite de chemin de fer transi de froid.

N'est-ce pas que ces exemples sont pleinement édifiants, et que la charité de l'abbé Santol revêt un aspect très original ?

Cette charité c'est l'exploitation de l'enfance dans ce qu'elle a de plus âpre, et son but mercantile n'est pas niable. Témoin encore cette lettre adressée à l'abbé Santol par un patron verrier, —je puise toujours dans le réquisitoire de l'avocat général.

Je fais appel à votre bienveillance habituelle pour m'envoyer le plus tôt qu'il vous sera possible, trois ou quatre enfants destinés à la verrerie, âgés de treize ans. Vous me rendrez un grand service, car je suis bien gêné sous ce rapport et la fabrication en souffre.

Dans cette vaste exploitation d'orphelins, l'abbé

Santol n'est même pas retenu par le respect de la loi ; celle-ci interdit aux industriels d'employer des enfants âgés de moins de treize ans : qu'importe ! Un patron verrier écrit à l'abbé Santol :

J'ai renvoyé trois enfants qui réellement étaient trop jeunes.. j'en ai encore huit des vôtres qui n'ont pas l'âge et je m'attendais chaque train à voir arriver l'inspecteur.

Un autre directeur de verrerie écrit de son côté :

J'ai les quatre orphelins ; nous tâcherons de ne pas nous faire prendre pour le plus jeune. S'agit-il des droits de la famille ils sont traités avec la même désinvolture. Je le démontrerai surabondamment en étudiant le sort des enfants placés par l'abbé Santol, non plus dans les orphelinats industriels, mais chez les particuliers chrétiens charitables en quête d'une bonne action.

J'emprunterai encore tous mes renseignements au réquisitoire de l'avocat général Lénard.

Pour faire connaître les placements d'enfants chez les propriétaires chrétiens l'abbé Santol aurait fait afficher dans les gares et dans les mairies des placards annonçant l'offre de placement gratuit de jeunes domestiques mineurs. Les demandes affluèrent bientôt de partout et des enfants partivent, dirigés sur divers points de la France. Pour les maintenir chez ces propriétaires chrétiens, l'abbé Santol obligeait les parents à signer une sorte de renonciation provisoire à tout droit sur l'enfant.

Que valent en général ces placements ? nous citerons simplement l'opinion d'une dame F.., admiratrice de l'abbé Santol auquel elle donne le beau titre d'apôtre ; la dame F.. écrit en ces termes à un propriétaire chrétien :

Je crois, monsieur, vous donner un bon conseil en vous engageant à renvoyer le petit G... Vous avez l'argent du voyage, cela vous est très facile.

Je n'aurais jamais imaginé un tel acharnement ; vouloir garder un enfant en prévision d'un bénéfice d'avenir. En y réfléchissant, je crois qu'en effet élever un enfant pendant deux ans et prendre de lui cinq ou six années de travail est une combinaison qui n'est pas désavantageuse. Il est seulement fâcheux qu'un apôtre ayant le cœur et l'âme de M. l'abbé Santol serve d'intermédiaire à de pareils calculs.

A l'appui de cette opinion peu suspecte, et pour montrer qu'on peut l'étendre à la généralité des placements de l'abbé Santol, veut-on des exemples ? On n'a que l'embarras du choix.

Voici une lettre écrite par l'abbé Santol à une dame B... :

Je m'empresse de vous annoncer que je viens d'avoir la chance de placer aujourd'hui même votre excellente fille. Elle sera à X... chez des personnes sans enfants qui ont un emploi à la Compagnie du chemin de fer du Nord, et ils ont des maisons et une propriété ; ils veulent donner à la petite la moitié de leur bien, je vais l'accompagner moi-même ; veuillez la remettre au jeune homme qui viendra la prendre ou l'amener vous-même de suite. Voilà, n'est-ce pas, un beau placement, susceptible de toucher le cœur d'une mère ? Et bien ! l'homme chez lequel allait être conduite cette petite fille, était un lampiste de la Compagnie du Nord, sans fortune et dont la femme était aveugle. Ce lampiste voulait simplement placer à côté de sa femme pour l'aider à marcher une petite fille pauvre qu'il n'aurait pas à payer. L'enfant vivait chez lui dans une telle malpropreté que deux mois après son entrée elle n'avait pas encore changé de chemise.

Je citerai encore cet autre exemple, toujours emprunté textuellement au réquisitoire de l'avocat général, et qui témoigne de la désinvolture de l'abbé Santol à l'égard des droits de la famille.

La jeune J... T... âgée de treize ans, avait été placée en 1898, par sa famille chez une dame R... habitant Aulnay, dans la Sarthe. En mars 1900, cette dame, n'étant plus en état de garder l'enfant, résolut, d'accord avec la famille, de la placer dans un pensionnat.

La dame R... s'adressa à l'abbé Santol, et il fut convenu que celui-ci irait chercher l'enfant à Aulnay pour la conduire à l'institution Groult à Vitry-sur-Seine ; il la mena au Mans et la plaça à l'insu de la famille chez les religieuses de l'orphelinat de Saint-Charles.

Au bout de quelques mois les religieuses déclarèrent que la petite J... T... ne produisant pas, elles-ne voulaient plus la conserver ; la famille, qui n'avait pas approuvé son placement, manifestait de son côté le désir de la reprendre par l'intermédiaire de la dame R... Celle-ci, en effet, écrivait à la supérieure de l'orphelinat de Saint-Charles :

J'ai appris que vous ne garderiez pas J... Sa famille veut l'avoir à Paris. Je viens donc vous prier de lui faire faire ses préparatifs de départ. A l'instant une occasion m'est offerte pour se charger de J... jusqu'à Paris. Une dame passera au Mans à 11 h. 50, train rapide ; veuillez donc faire conduire J... à la gare avant onze heures ; on prendra un billet de première pour elle. Je vous envoie un mandat de vingt-cinq francs pour payer ce billet.

Au moment où cette lettre parvenait à l'orphelinat, la petite en était déjà partie et les religieuses répondaient en ces termes à Mme R...

D'après l'ordre de l'abbé Santol, reçu le 22 novembre 1899, J... T... a été conduite à la gare par nous et confiée au chef de train, mardi 28 novembre. Elle est partie du Mans par le train de 8 h. 40 et M. l'abbé Santol devait la prendre à la gare Montparnasse. Il avait envoyé un billet de demi-place en disant que nous recevrions de votre part les cinq francs qu'il fallait.

Et en effet, de sa propre autorité, sans consulter ni même prévenir la famille l'abbé Santol avait retiré J... T.... de l'orphelinat Saint-Charles, et de sa propre autorité l'avait envoyée à l'orphelinat des sœurs de la Providence, à Trouhans dans la Côte-d'Or. Pour arriver à ses fins M. Santol avait recouru au mensonge, faisant croire à la supérieure de Saint-Charles qu'il agissait d'accord avec Mme R...

L'entêtement de l'abbé Santol à garder cette enfant

est d'ailleurs extraordinaire ; il oppose la force d'inertie à toutes les réclamations du subrogé-tuteur ; il
ne répond pas aux lettres de celui-ci lorsque les
tantes lui demandent de faire revenir la jeune fille,
il leur écrit cependant :

L'enfant est gentille ; elle a une peau de satin, je
ne vous la rendrai pas.

Ou encore.

Elle vous sera rendue si elle ne produit pas.

Enfin le 20 février 1900, à bout de patience, la
famille porte plainte.

Trois semaines après, le lendemain de l'arrestation de l'abbé Santol, c'est-à-dire le 15 mars, J... T...
est rendue à sa famille. Elle revient de Trouhans
seule, la nuit — une jeune fille de treize ans ! —
personne n'est prévenu de son arrivée.

Elle est dans un état de malpropreté repoussante,
les pieds encore tout écorchés par les sabots qu'on
lui a fait porter à l'orphelinat.

Je m'arrête ici, et me contente de citer la conclusion de l'avocat général Lénard.

On croit rêver, en parcourant la vie de ce prêtre,
peu enclin aux longues méditations et aux pieuses
stations dans les sanctuaires, tourmenté au contraire par le besoin d'agir ; n'utilisant pas de telles
forces au profit de l'apostolat chrétien, les consa-
crant à la conception d'œuvres extravagantes.

L'abbé Santol n'a rien de l'apôtre ; l'apôtre digne
de sa mission prépare avec soin le sillon où il
compte récolter la moisson. L'abbé Santol agit
tout autrement. Il est parti, par profession, d'une

idée charitable : secourir les enfants ; il est arrivé, par des dégénérescences successives de cette idée à une conception différente : favoriser le commerce chrétien.

Et alors d'une main, celle du prêtre tendue à l'enfant et aux parents, il offre l'aumône chrétienne; de l'autre tendue vers les industriels, il offre l'ouvrier. Son entreprise est prospère quand la main d'œuvre est abondante et gratuite, l'ouvrier eut-il été quelquefois sacrifié.

Il est tout entier dans ce mélange bizarre résultant à la fois de la forte empreinte de l'éducation religieuse et de l'irrésistible vocation qui le porte vers les affaires.

Cette opinion et les faits qui l'ont fondée, sont vieux de plusieurs années. Qu'est devenue depuis l'œuvre de l'abbé Santol ? En même temps qu'elle s'est étendue s'est-elle améliorée dans son fonctionnement ?

Le Placement familial, nos lecteurs le savent, est patroné par les plus hautes personnalités cléricales et réactionnaires ; c'est une association régulièrement constituée conformément à la loi ; les conditions de son fonctionnement semblent soigneusement réglées.

D'un prospectus que j'ai sous les yeux, il résulte en effet que « nul pupille n'est accepté dans l'œuvre si le parent survivant ou le tuteur ne signe devant témoins un engagement jusqu'à sa majorité. Si, pour un motif que l'œuvre voudra toujours apprécier, un pupille devait être déplacé, l'association se réservé de statuer sur son cas, après enquête, et de lui procurer s'il y a lieu, un nouveau placement dans la région.

On est tenu, en ce cas, de conserver le pupille jusqu'à ce que l'œuvre lui ait trouvé une autre destination.

Quant au salaire qu'il convient de prévoir pour les pupilles il est bien entendu que l'on placera sur un livret de caisse d'épargne, en leur nom, le pécule convenu, qui leur sera remis à l'âge de majorité.

Un tableau annexé au prospectus, fixe les conditions des salaires ; en plus de leur entretien, logement, nourriture et vêtements, les enfants doivent recevoir un salaire annuel qui varie de vingt à cent soixante francs, selon qu'ils sont âgés de treize à vingt et un ans.

Quant aux enfants qui sont âgés de moins de treize ans, l'œuvre, nous dit toujours le même prospectus, donne pour eux une somme qui varie de 100 à 20 francs selon l'âge des pupilles ; elle donne 160 francs pour un enfant de deux à trois ans 140 francs pour un enfant de trois à quatre ans, etc...

Mais que devient tout ceci dans la pratique ? Comment fonctionne en réalité le Placement familial ? Cette œuvre, qui se targue d'avoir déjà placé près de 7.000 enfants, dont 2.300 l'an dernier, respecte-t-elle vraiment les conditions qu'elle s'est elle-même fixées ?

Un notable commerçant de Saint-Gengoux-le-National (Saône-et-Loire) me signale les faits suivants ; ils sont tout récents : ils remontent en effet aux mois de février et de mars derniers.

Un propriétaire d'une commune de Saône-et-Loire avait demandé à l'abbé Santol une domestique. M. Santol au lieu d'une lui en envoie deux. Le propriétaire refuse cette seconde domestique. M. Santol adresse alors à celle-ci, une jeune fille de dix-sept ans, nommée Marthe T... un nouvel itinéraire. Marthe T... ne peut se rendre au lieu qui lui est assigné ; sans argent pour continuer son chemin, elle échoue à Saint-Gengoux, à environ 80 kilomètres de son but. On s'empresse de la recevoir à l'hôpital pour la soustraire aux tentatives funestes dont elle peut être l'objet.

Le maire de Saint-Gengoux demande alors des renseignements à l'abbé B... curé de la commune qui fut la première étape de la jeune fille. L'abbé B... répond par une lettre où il apprécie sévèrement l'œuvre dirigée par l'abbé Santol. Son opinion peu suspecte de partialité vaut la peine d'être produite.

Je comprends votre difficulté relativement à ce cas. Cette jeune fille a été envoyée à X... chez un propriétaire qui avait demandé une domestique, et au lieu d'une, il en a reçu deux.

Aussitôt il a télégraphié à la maison de Paris, qui a envoyé à la jeune fille un itinéraire pour une autre destination. Malheureusement la place indiquée n'était pas libre, de sorte que je constate que ce placement de Paris arrange assez mal ses affaires.

Veuillez vous faire rembourser les frais relativement à cette enfant par l'œuvre du Placement familial, 3, avenue de la Motte-Picquet, Paris, et en conséquence lui demander le nécessaire pour la retourner à Paris. Il serait bon même qu'on dit au directeur de cet établissement qu'il surveillât un peu mieux les envois d'enfants et qu'il ne leur donne pas des destinations équivoques.

La municipalité de Saint-Gengoux écrivit à l'abbé Santol pour lui signaler le cas de sa pupille et lui demander l'argent nécessaire pour qu'elle puisse continuer son voyage. Le directeur du Placement familial répondit en demandant que la jeune fille soit conduite administrativement, c'est-à-dire aux frais du département, dans un établissement industriel, à Trouhans, dans la Côte-d'Or.

En même temps qu'il avisait le Préfet, le maire de Saint-Gengoux sollicitait de l'abbé Santol quelques renseignements sur l'état-civil de la jeune fille ; l'abbé Santol ne se donna même pas la peine de lui répondre.

Cependant l'administration préfectorale, désireuse sans doute d'éviter de nouveaux déboires à Marthe T.., consentit à prendre à sa charge les frais de son voyage, et mit fin à ses tribulations en l'expédiant à Trouhans, où elle se trouve actuellement. (J'ai conté à nos lecteurs l'extravagante et scandaleuse affaire du jeune Dubois, âgé de quinze ans, et placé l'an dernier à l'insu de ses parents par l'abbé Santol). Les époux Dubois sont toujours sans nouvelles de leur enfant. En désespoir de cause, ils viennent d'adresser à M. le garde des Sceaux, par l'intermédiaire de la Ligue des Droits de l'homme, la lettre suivante :

Monsieur le Ministre de la Justice.

Je viens appeler votre attention sur notre peine.

Le 2 juin dernier (1902) notre enfant, âgé de quatorze ans et demi, fut pris dans des circonstances inexpliquées par l'abbé Santol qui prétendit qu'il lui avait été amené par sa grand'mère, 49, route d'Orléans, à Montrouge.

Or, notre enfant n'a plus de grand'mère ni de mon côté, ni du côté de sa mère, et après recherches faites, personne à l'adresse indiquée, n'a été chez l'abbé Santol.

Qu'était devenu notre enfant ?

Nous avons informé de sa disparition la préfecture qui, le 25 juin, — après 23 mortels jours — nous informe que l'abbé Santol l'avait envoyé dans les Basses-Pyrénées, à Audejos, chez l'abbé Esclaus.

Depuis lors, j'ai maintes fois réclamé mon enfant, sans pouvoir obtenir de réponse.

J'ai porté plainte.

Devant M. Roy, commissaire aux délégations judiciaires, M. l'abbé Santol avait dit qu'il allait me le renvoyer.

Mais ensuite il dut reconnaître qu'il ne savait pas même où il était.

Le parquet le rechercha, et après de nombreuses recherches, je viens d'être informé qu'il n'était pas possible de le retrouver.

L'abbé Santol se borne à répondre que, plaçant

chaque jour des enfants par douzaines, il ne peut pas savoir ce qu'il en a fait.

En attendant !... En attendant notre enfant est perdu. Qu'est-il devenu, un mauvais sujet, est-il malade, est-il à l'hôpital, en prison ou mort ? — Est-il donc possible que l'abbé Santol puisse sans autre inconvénient pour lui se borner à nous dire :

J'ai pris votre enfant, c'est vrai ; je ne sais pas ce que j'en ai fait, tant pis.

Je viens vous supplier, Monsieur le Ministre, de venir à notre secours.

Et je vous prie d'agréer, Monsieur le Ministre, l'hommage de mon plus profond respect.

Dubois.

21, rue Périer, à Montrouge (Seine).

Un de nos confrères examine la situation créée par l'œuvre de l'abbé Santol dans le département de l'Ain, et plus particulièrement dans la région de Belley, Hauteville, Lhuis et Saint-Rambert.

Les petits malheureux, dit-il, que leurs familles abandonnent souvent sans garantie, au « Placement familial » ne sont l'objet d'aucune surveillance et d'aucun soin pendant leur transport de Paris dans l'Ain ; il y a pourtant, parmi eux, des enfants de l'âge le plus tendre, sachant à peine parler.

On se borne à leur attacher, à tous, sur la poitrine, une pancarte où sont inscrits leurs noms, celui de leur futur propriétaire et le nom de la gare où ils doivent descendre.

Puis au départ de Paris, on les entasse tous ensemble, garçons ou filles d'âges souvent différents, dans un compartiment de troisième classe, et toute une nuit on les laisse ainsi livrés à eux-mêmes, exposés à toutes les promiscuités, à tous les haŝards d'un long voyage. Bien plus, il n'est pas rare qu'à leur arrivée à la gare de destination, ils ne trouvent personne pour les recueillir et les conduire dans leur nouvelle famille.

Le Placement familial, continue notre confrère, ne se borne pas d'ailleurs à expédier les enfants dans les mauvaises conditions que l'on sait. Lorsque ceux-ci sont renvoyés par leurs nouveaux maîtres, ou les quittent pour vagabonder, la société de l'abbé Santol n'hésite pas à faire intervenir les parents de ces petits malheureux pour obtenir leur rapatriement aux frais de l'administration.

Le sans-gêne de cette société, dit toujours *Le Courrier de l'Ain*, ne s'arrête pas là ; on nous assure même qu'il y a quelques mois, le père de deux petits garçons, placés par cette œuvre dans une commune des environs de Belley, se présenta à la préfecture de la Seine sur les conseils de l'abbé Santol, afin de faire bénéficier les deux pupilles du transport gratuit.

Or, le curé de C... qui s'était chargé du placement des enfants, avait déjà envoyé vingt francs pour leur voyage.

Je dois dire également que la gendarmerie et la police de Belley ont eu à s'occuper ces temps derniers, d'assurer un gîte à plusieurs de ces petits malheureux auxquels le Placement familial refusait de continuer à s'intéresser.

Telle est, dans la réalité, l'œuvre charitable du Placement familial qui, par l'active initiative de son merveilleux représentant l'abbé Santol, prend les proportions d'une œuvre de philanthropie nationale et pourrait aspirer un jour à une subvention de l'Etat.

Ce n'est pas dans le but de faire obstacle à un si beau résultat que nous avons rapporté ici l'enquête si documentée de M. G. Cagniard, ce n'est pas même pour le plaisir de faire connaître la si intéressante personnalité de M. l'abbé Santol.

Dans l'étude que nous poursuivons ici, ni les personnalités ni les œuvres n'ont de valeur qu'autant qu'elles constituent des éléments d'appréciation pour l'efficacité sociale de la charité.

Or à ce point de vue, l'abbé Santol avec sa façon de comprendre et de pratiquer la charité nous intéresse d'autant plus vivement qu'il manifeste avec une hardiesse et un laisser-aller peu ordinaires les conceptions de toute la gent cléricale.

La charité qu'il pratique, est bien telle que l'entendent les congrégations et leurs affiliés, mais en dissimulant avec plus de soin leur but de spéculation.

Le procès du Bon-Pasteur est encore présent à toutes les mémoires.

La congrégation des Sœurs hospitalières de Notre-Dame du Bon-Pasteur d'Angers, désormais célèbre sous le vocable plus commode de Sœurs du-

Bon Pasteur, possède 21 maisons dans lesquelles 7.000 religieuses sont chargées de faire produire à 48.000 enfants ou jeunes filles tout ce que cette matière vivante peut rendre de travail utile, dût-elle en périr.

Ces chiffres ont été fournis par M° Eugène Prévost dans sa plaidoirie des 4,5 et 6 février 1903 devant la cour d'appel de Nancy.

Nous avons parlé dans notre ouvrage paru précédemment sur l'Education de l'Enfance des extraordinaires procédés charitables dévoilés par les témoins de l'affaire du Bon-Pasteur de Nancy.

Depuis lors, le procès s'est déroulé, avec enquête, contre-enquête, appel et finalement jugement.

La plaidoirie de M° E. Prévost et les conclusions du procureur général, M. Saint-Aubin, constituent dans leur sobre exposé des faits, des monuments destinés à porter la conviction dans tous les esprits sur le but réel et le caractère tortionnaire des congrégations dites charitables.

D'après les rapports des inspecteurs du travail :

Rapport de M. Corbon, en 1886.

Je citerai particulièrement l'Orphelinat du Bon-Pasteur, où des enfants de 7 à 8 ans travaillent de 7 heures du matin à 4 heures du soir, n'ayant qu'une heure de classe après la journée de travail. La tâche quotidienne, qui consiste dans la confection de 9 douzaines de chemises d'hommes, est répartie tre 80 enfants et filles mineures, prises en bloc et sans exception d'âge, parmi lesquelles figurent les enfants de 7 à 8 ans dont il vient d'être parlé.

Rapport de M. Laporte, en 1886.

L'organisation est la même chez les Dames de la Miséricorde, de Sainte-Eugénie, de Sainte-Marie, de Saint-Joseph, avec cette différence que la tâche est individuelle et non collective, ce qui produit des abus peut-être plus criants encore.

On m'a cité un couvent où des petites filles de 4 ans, doivent coudre avec le plus grand soin une demi-douzaine de torchons chacune, c'est-à-dire faire environ 8 à 9 mètres d'ourlets par jour dans un tissu rude et grossier...

Il est permis de dire que, dans ces ateliers de charité, les malheureuses ouvrières ne se reposent jamais, car indépendamment de la tâche quotidienne, elles exécutent, pendant les heures de récréation. des travaux du même genre, dont le produit sert à acheter quelques ornements pour la chapelle ou un cadeau pour la fête de la supérieure.

On reçoit au Bon-Pasteur des petites filles à partir de l'âge de 4 ans. On fait travailler ces malheureuses enfants le même nombre d'heures que les filles de 16 à 21 ans.

Rapport de M. Giroud, en 1887,

Le 15 janvier 1887, j'ai visité le Bon-Pasteur de Poitiers. Cet établissement n'est pas imposé à la patente ; il est subventionné par le conseil général de la Vienne.

Il est autorisé, chaque année, par le préfet, à émettre 4.000 billets de loterie à 1 franc. La durée du travail est la même pour les enfants de 4 ans que pour les filles mineures.

En 1892 M. Maurice Faure, rapporteur du budget de l'intérieur signalait que, dans les établissements privés d'assistance, les enfants n'étaient souvent qu'une matière à exploiter pour ceux qui les faisaient travailler.

On a fermé, disait-il, plusieurs établissements religieux qui offraient peu d'avantages et donnaient lieu à de graves reproches.

En cette même année 1892, fut abrogée la loi insuffisante de 1874 et promulguée celle du 9 novembre 1892.

Dès lors — et comme les enfants au-dessous de 13 ans ne pouvaient plus produire industriellement, — le Bon-Pasteur n'accepta plus d'enfants qu'à partir de 13 et 14 ans.

Cette résolution est très caractéristique. On veut des ouvrières qui produisent et non pas des enfants dont on ne pourrait plus exiger sans péril une production lucrative.

Si le Bon-Pasteur avait voulu se consacrer uniquement au relèvement des âmes, il aurait dû faire apprendre à chaque pensionnaire un métier qui la mit à l'abri du besoin à sa sortie. Loin de se conformer à sa mission le Bon-Pasteur a établi un atelier de lingerie.

Et quelle lingerie ? Dans la lingerie ordinaire, le bénéfice était mince.

Mais, s'abouchant avec des maisons de luxe, le Bon-Pasteur fit de la lingerie luxueuse, riche et fine ; et même il se spécialisa dans les « jours » luxe nouveau, tout particulier.

M. le Procureur général concluait ainsi :

Faussant l'esprit et la lettre de sa constitution, le Bon-Pasteur a recruté non plus les filles tombées, qu'il devait sauver, mais des filles sans parents (ou de parents pauvres), sans autre tare, et ce n'en est pas une, que la pauvreté.

Le nombre considérable de préservées, qui est de 74, alors que celui des pénitentes est de 21 est significatif.

Mlle Lecoanet était une préservée, et en état de fournir toute la somme de travail possible.

Le Bon-Pasteur n'a pas de chômage ni de grève à redouter. Il a, dans les cinq parties du monde, 47.000 ouvrières qu'il lui suffit de nourrir et de loger. Il a le minimum des risques et le maximum des bénéfices.

Au lieu de faire la charité avec les malheureuses que la misère a touchées, le Bon-Pasteur fait une excellente spéculation.

En dehors de ses ateliers de lingerie et de broderie, le Bon-Pasteur a un grand potager, dont les produits sont en partie employés dans la maison et en partie vendus au dehors ; il y a aussi une basse-cour et une vacherie, ce qui ne veut pas dire que les pensionnaires aient jamais un œuf ou une goutte de lait. A la condition que la tâche ne soit pas démesurée, j'admets volontiers que des pensionnaires soient à certains moments employées au jardin et que certaines, de mains inhabiles aux travaux de la lingerie, soient employées à la vacherie.

Remarquez pourtant que, à la différence de toute personne faisant travailler un ouvrier ou une ouvrière, le Bon-Pasteur qui ne donne jamais aucune rémunération aux personnes qu'il emploie, fait faire pour rien les travaux dont il s'agit.

Mais ce qui est en tous points inadmissible, c'est qu'il contraigne ses pensionnaires à des travaux répugnants ou à des travaux qui, par leur nature même, excèdent leurs forces ; c'est par exemple qu'il les emploie à vider les fosses d'aisances, ainsi qu'il a été fait, d'après M. Fournières, dans la résidence locale du Mans ; c'est qu'il les emploie comme manœuvres dans les travaux de maçonnerie, ainsiqu'il a été fait dans la résidence locale de Besançon ; d'après M. Beauquier, c'est encore que ces malheureuses remplacent des ouvriers dans la boulangerie.

Reportons-nous à la brochure (17 décembre 1889) où l'évêque Turinaz, attaqué, fournit de nouvelles explications :

Elles arrivent ainsi et assez rapidement à réaliser par jour un gain auquel n'arrivent pas d'habiles ouvrières travaillant à domicile, dans des conditions moins favorables et beaucoup moins libres de leur temps. Tout ceci suppose un travail d'une douzaine d'heures par jour qui est le travail ordinaire et régulier, et déjà très pénible pour l'ensemble de ces jeunes filles. Mais un bon nombre d'entre elles travaillent encore au moins une partie de l'année 3/4 d'heure ou 1 heure après le souper. Ce n'est pas tout : on excite la bonne volonté et l'émulation d'un grand nombre de ces jeunes filles à faire des travaux désignés sous le nom étrange de mystiques. Dans la belle saison, ces jeunes filles commencent ces travaux dans leur lit à 3 heures du matin et les poursuivent après les repas, pris le plus rapidement possible. Ce sont des mouchoirs brodés, des douzaines de chemises et d'autres objets encore qui offerts à la mère supérieure et aux principales mères à l'occasion de leur fête, se transforment par la vente en supplément de bénéfices pour la maison.

Je dois maintenant faire connaître ce qu'on leur donnait en retour de ce travail opiniâtre.

Et tout d'abord, quelle était la nourriture ?

Il faut ici nous reporter à l'exposé de Mlle Leconnet. Voici comment, au sujet de la nourriture, elle s'exprimait :

Lettre du 20 décembre 1899. — En retour, quelle était notre nourriture ? Je ne sais comment vivaient les religieuses, car elles ne mangeaient pas avec nous. La nourriture était tout à fait mauvaise et insuffisante. Il y avait des vaches et des poules, mais jamais nous n'avons eu ni viande ni œufs. Le jour de Pâques et le jour de la Pentecôte cependant on nous donnait à chacune deux œufs. Jamais de lait, jamais de beurre. Tout à la graisse. Le matin était une soupe à la graisse et un petit morceaux de lard qui n'était pas appétissant, je vous assure ; il en était ainsi tous les jours, sauf le vendredi où le lard était supprimé et sauf le dimanche où on nous donnait un petit morceau de bœuf.

Il n'y avait donc que des légumes et du riz. Le soir jamais ni viande, ni lard. Pendant le carême, on remplaçait le morceau de lard par un hareng divisé en quatre. Quand arriva le docteur Champouillon, il y eut un moment trente malades en même temps. Il fit donner un morceau de bœuf le mercredi et un verre de vin à midi. Mais au bout de six semaines, on supprima le vin. Même en convalescence, jamais un morceau de viande rôtie, jamais.

Le pain était fait par des pensionnaires. A midi, on pouvait en redemander, parce que c'était la mère Sainte-Epiphane ou la mère Sainte-Catherine-de-Gênes qui surveillait. Mais le soir, non, parce que c'était la mère du Mont-Carmel. Un jour, Mélanie Laurent se risqua à en demander. La mère du Mont-Carmel lui répondit qu'elle pouvait bien offrir à Dieu une mortification. Dans la nuit Mélanie eut des vertiges d'inanition. Elle resta trois semaines à l'infirmerie. Une des punitions était la privation de repas. La pensionnaire punie circulait dans le réfectoire en demandant une cuillerée de soupe à chacune.

Jamais une sortie au dehors. Jamais la moindre promenade. Jamais même l'accès du jardin. Les pensionnaires n'avaient, pour prendre l'air, que la cour qui n'était pas bien grande, qui était même petite, avec ses murs élevés comme l'a dit Maria Lecoanet, et encore même pendant les courts instants de récréation, les pensionnaires étaient-elles soumises entre elles à une sorte d'espionnage continu.

A ces souffrances il faut encore ajouter, à l'occasion, celle du froid, comme vient de le dire un témoin.

M. Louis Marchal, 3ᵉ témoin. (Enquête Paris). — A sa sortie du couvent, j'ai placé ma sœur comme lingère. Elle ne pouvait presque plus marcher, car elle avait eu les pieds gelés au Bon-Pasteur.

Mᵐᵉ André, 10ᵉ témoin. (Enquête Paris.) — Lors de l'emménagement dans un nouveau local, on nous fit coucher plusieurs nuits de suite, au mois de décembre, dans des chambres où les fenêtres ne fermaient pas. On avait juste une couverture et il fallait mettre ses habits sur son lit.

N'allez pas croire que le fait des « pieds gelés » ne soit qu'une exagération. Il y a d'autres exemples. En voici notamment un qui, à la vérité, ne concerne pas le Bon-Pasteur. Je le trouve dans un rapport du 24 juin 1892 de M. H. Monod, directeur de l'Assistance et de l'hygiène publiques à M. Loubet, alors ministre de l'Intérieur.

Pendant la nuit du 7 au 8 décembre 1890, dix petites filles couchées dans le dortoir qu'à décrit Mlle l'inspectrice générale, furent atteintes de la congélation des pieds, sept peu gravement, trois fortement, dont l'une, la jeune B..., à un degré tel que, transférée d'urgence à l'Hôtel-Dieu, elle dut y subir l'amputation des deux pieds.

Il y avait des malades, beaucoup de malades ! les

soignait-on ? On ne les soignait pas. Cela eût coûté trop cher.

Le défaut des soins est dans la logique du système. A tant faire que de réduire les bénéfices, en soignant les malades, mieux eût valu améliorer le régime d'où les maladies procédaient. Mais loin de réduire les bénéfices, il fallait, il faut toujours — c'est un évêque qui nous a renseignés — en augmenter chaque année l'importance.

Pour la preuve du défaut de soins, rien n'est plus décisif que la mort de Solange, l'une des pensionnaires de la maison de Nancy. Elle était poitrinaire et toussait caverneux comme un tonneau. Ses derniers jours sont vraiment tragiques. Une nuit elle est si mal, elle tousse tellement que c'est déjà comme un râle. Cependant il faut que, quand même elle travaille et produise. Produire tout est là ! Et le lendemain — qui est son dernier jour — on la force à travailler. Oui Messieurs, alors qu'elle n'a plus que quelques heures à vivre et que la mort est là, une femme de cœur, comme on l'a appelée, la mère du Mont-Carmel — toujours elle ! — force la malheureuse à faire des (jours). Vainement, n'en pouvant plus, elle demande à aller au dortoir, puisqu'on ne veut pas l'envoyer à l'infirmerie ; vainement elle demande grâce. L'insatiable du Mont-Carmel ne veut pas perdre le travail des dernières minutes, et Solange, pauvre être, Solange est morte dans la nuit.

De même par économie, étaient écartés tous les soins de propreté. Les pensionnaires, qui ne pre-

naient jamais de bains, n'avaient pas même de
cuvettes pour se laver la figure et les mains, elles
devaient se servir du vase de nuit. Des bains de pieds,
tous les trois mois en hiver, et tous les six semaines
en été. Jamais de savon non plus : le savon eût coûté
trop cher. La serviette de toilette et le linge de
corps étaient changés le moins souvent possible.
C'étaient des pensionnaires qui faisaient la lessive.
Mais la lessive ne rapporte pas ; et c'eût été du
temps perdu ! A sa décharge, mais à la charge du
système généralisé, le Bon-Pasteur peut, il est vrai,
invoquer ailleurs les mêmes traditions.

A la Société de médecine publique et d'hygiène
professionnelle, le Docteur Niapas citait notamment
cet exemple :

Il n'y a pas de lavabos. Il n'y a que deux baignoires
pour tout l'établissement qui compte 100 lits. Les
malades se baignent sur ordonnance du médecin,
les vieillards jamais, les orphelins une fois l'an ; comme
moi, disait la directrice de cet orphelinat.

Encore dans cette maison, les orphelines se bai-
gnaient-elles une fois l'an, tandis qu'à Nancy les pensionnaires ne prenaient jamais aucun bain.

Et pour éviter des dépenses de linge ou des heures
de lavage, on tombait, pour certaines nécessités, à
des pratiques répugnantes.

Ce sont des jeunes filles, ce sont des femmes qui
sont dans cette maison. Donc il y a les accidents du
sexe. Pour ces accidents, il faut du linge.

Avaient-elles du linge ? Non. A chacune, on donnait une — je dis une — vieille jupe dont l'usure

défiait tout service, guenille inutilisable. On les lavait du moins ? Non. Avant la guerre, on ne les lavait que tous les six mois ; depuis on en est arrivé à cette prodigalité de les laver tous les trois mois. Et qu'en faisait-on en cet état ? Où les mettait-on ? Chacune devait mettre sa « jupe » entre son matelas et sa paillasse, où elle séchait.

L'aumônier va lui-même nous dire comment « ces faits qui le faisaient horriblement souffrir », ne troublaient aucunement la chrétienne sérénité de la supérieure Sainte-Irénée.

Ce qui faisait souffrir davantage les pensionnaires, c'était d'être traitées avec mépris, non pas par les sœurs, mais par la mère supérieure et par quelques sœurs qui étaient ses acolytes. Je me souviens à cet égard qu'un certain jour, elle allait mettre à la porte une fille repentie, et comme j'intervenais, en lui disant qu'elle allait retomber dans le vice, elle s'est bornée à me répondre : « ta, ta, ta, ta, ta ! Il y en a bien d'autres. Où en serions-nous si nous nous occupions de cela ? »

Ce « ta, ta, ta, ta, ta » est d'une belle éloquence, et combien expressive. S'agit-il d'ouvrières habiles et entraînées ? L'attitude change.

Si, par l'effet des circonstances, on n'a pu les retenir, il faut tâcher de les faire revenir, de les reprendre :

Mme Reguier Hobelingre, 10ᵉ témoin. (Enquête de Nancy). — Dès que je fus sortie du couvent, j'eus l'occasion de revenir voir quatre fois la mère du Mont-Carmel pour lui demander les photographies de ma famille qu'elle avait conservées. Chaque fois, elle m'a demandé si je ne voulais pas rentrer au couvent et si je n'étais pas dégoûtée du monde.

Mme Vve Marchal, 17e témoin. (Enquête Nancy). — Les religieuses ont tenté de ravoir ma nièce après sa sortie... Je l'en ai dissuadée, pensant qu'elle ne pourrait supporter, en raison de sa santé, les excès antérieurs.

Mais le mieux est de ne pas les laisser partir. De la sorte en s'évitant l'invention des ruses et l'effort des sollicitations, on prolonge sans interruption les services lucratifs qu'elles rendent et les profits qu'on en tire.

Et c'est ici que nous allons voir fonctionner tous les moyens de contrainte auxquels on a recours.

Reportons-nous d'abord aux très intéressantes déclarations de Maria Lecoanet dans sa lettre du 20 décembre 1899.

Il faut vous dire que nous étions cloîtrées. Celles d'entre nous qui avaient encore des parents ne pouvaient les voir et leur parler qu'à travers un grillage. En outre, à côté de la pensionnaire, il y avait toujours une religieuse. C'était le plus souvent la mère du Mont-Carmel. Si on se plaignait, elle savait arrêter les plaintes. Elle arrivait à faire dire le contraire de ce qu'on voulait. Vous pourrez savoir comment elle s'y prenait en interrogeant, par exemple, Mlle Marchal. Jamais nous ne sortions au dehors, quel que fut le parent avec lequel l'une de nous aurait pu sortir. Quel que fut notre âge nous n'avions pas le droit d'écrire même à nos parents ce que nous voulions.

L'évêque de Nancy s'est élevé avec force contre les procédés dont je parle. Après avoir exposé qu'on établit à grands frais cinq parloirs, il ajoute :

Et qui donc va si souvent aux parloirs du Bon-Pasteur.

Il est des personnes très honnêtes, appartenant aux préservées, qui ont passé 5 ans, 10 ans et plus dans cette maison sans pouvoir communiquer en aucune façon avec leur famille. A leur prière formulée avec larmes, pour savoir si quelqu'un de leur famille avait demandé à les voir, on répondait négativement contre la vérité. Et à cette demande : Dites-moi au moins si quelqu'un de ma famille existe encore, on ne faisait aucune réponse, pas plus qu'on n'en faisait à leurs sollicitations cent fois, mille fois répétées pour sortir de la maison.

Les remontrances épiscopales n'ont pu rien obtenir.

Pour que cet isolement des pensionnaires du Bon-Pasteur soit plus complet, il est interdit, du moins à Nancy, de prononcer jamais les noms de famille, et tous les noms de baptême sont changés. (Evêque de Nancy.)

Il en est de même dans les autres maisons, notamment dans la maison-mère, ainsi qu'il résulte du rapport de l'inspecteur à qui une des religieuses expliqua qu'en entrant chez elles, les jeunes filles changeaient de noms.

Et telle est, à cet égard, la sévérité de la surveillance et la rigueur des défenses que, en réalité, les pensionnaires ne se connaissent en effet pas entre elles.

De là sont sortis les plus graves abus, tellement que la loi de 1892 a exigé un état nominatif.

Et cette exigence de la loi a été motivée précisément par un véritable scandale qui s'était produit à l'occasion d'une maison du Bon-Pasteur, la maison de Cholet. Voici à ce sujet, ce que disait M. Montaut, dans la discussion de la loi, séance du 8 juillet 1890 :

Il me suffira, pour faire sentir l'importance d'une pareille prescription de rappeler cette affaire retentissante du Bon-Pasteur de Cholet où sur 427 contraventions constatées et relevées par le rapport de l'inspection, contraventions dont la prévenue elle-même, la dame supérieure du couvent du Bon-Pasteur et prussienne par parenthèse, n'a pas contesté la matérialité, 34 seulement ont pu être déférées au tribunal. Et savez-vous pourquoi ? Parce que, comme le dit très bien M. Victor Scauvrot dans son réquisitoire, les noms de 34 enfants seulement ont pu être connus, 393 contraventions ont dû être écartées de la poursuite parce que les noms de près de 240 enfants, parmi ceux qui étaient employés dans les ateliers de confection, étaient absolument inconnus. Pour se procurer les noms, qu'il jugeait une base essentielle de la poursuite, le ministère public avait ouvert une enquête qui, malgré sa durée de 4 mois, n'a pu aboutir. Il a été impossible d'obtenir cette indication indispensable pour intenter l'action judiciaire. La rendre obligatoire et permanente dans les ouvriers, orphelinats et ateliers de charité ou de bienfaisance de tout genre constitue une nécessité et un devoir sur lequel il serait superflu d'insister.

Mais tous les efforts du législateur viennent, semble-t-il, se briser contre une résistance décidée à ne jamais céder.

Car en 1899, — sept ans donc après la loi dont je viens de parler, — quand un des commissaires de Nancy fut chargé de procéder à une enquête, il a dû, à cause des faux-noms, la clôturer promptement ne pouvant, disait-il, découvrir d'autres témoins ayant séjourné au Bon-Pasteur.

L'isolement est complet. Et d'autant mieux assuré qu'il faut y joindre la déchéance intellectuelle des pensionnaires.

Sur cette déchéance qui est certaine et notoire, je peux citer les dires de personnes que le Bon-Pasteur ne saurait récuser.

Reportons-nous au rapport que l'inspecteur a fait, en 1899, après sa visite de la maison-mère. L'état trimestriel à la main, il appelle et interroge quelques-unes des pensionnaires.

Elles sont, dit-il, complètement abruties par le régime de la maison. La religieuse qui l'accompagne, se rend compte de sa très mauvaise impression. Elle s'en inquiète, et pour tenter de l'atténuer, elle lui dit : Vous avez eu la main malheureuse, vous êtes tombé justement sur des enfants complètement idiotes.

On les met, si elles n'ont pas de parents pour les

recevoir et les aider, dans l'impossibilité de vivre au dehors un seul jour.

Mlle Genet, 16ᵉ témoin. (Enquête Paris). — Cinq ou six de nos compagnes qui n'avaient pas de famille et n'auraient su où aller en sortant de la maison, avec à peine 20 francs, au bout de 20 ou 30 ans de travaux les plus pénibles, faisaient des neuvaines et priaient pour mourir.

Et encore le plus souvent, ce n'était pas même la plus minime somme, mais, vous l'allez voir, rien !

Le jour où elles sortaient, il fallait manger, et le soir trouver un abri. Et sans argent, sans rien, elles n'avaient donc d'autre alternative que la police correctionnelle pour vagabondage, escroquerie, mendicité, ou la rencontre d'un racoleur avisé.

Est-ce vrai ?

Certes, Messieurs, on n'a pas assez recherché les indications données par la prostitution.

Mais après l'enquête de 1881, M. Théophile Roussel, dans son rapport au Sénat, donnait déjà quelques exemples qui laissent assez deviner l'entière vérité.

On a pu noter, dit-il, que la plupart des mineures inscrites comme prostituées dans l'Aube sont orphelines et que plusieurs de celles du Pas-de-Calais ont été élevées dans des maisons du Bon-Pasteur. Ces deux faits sont notés dans d'autres départements.

En 1896, dans son rapport aux quatre sections du conseil supérieur de l'Assistance publique, le docteur Thulié disait :

Cette éducation ou plutôt cette exploitation les

mène au suicide, si elles veulent rester honnêtes, à la prostitution, si la faim est plus forte que leur vertu.

A cette heure même, dans l'épouvantable affaire, dite de la traite des blanches, où M. le juge de Valles a poursuivi une longue et laborieuse instruction, combien parmi ces malheureuses étaient sorties de ces maisons dites de charité ? Combien n'ayant alors reçu aucun pécule, ont dû céder à d'infâmes racoleurs pour ne pas mourir de faim ?

La maison de Nancy est atteinte par cette flétrissure.

Il en est, dit l'évêque, auxquelles j'ai dû donner des secours et qui m'ont déclaré qu'on cherchait à les entraîner dans la prostitution.

Et voilà comment dit-il encore, en rendant la sortie de ces jeunes filles plus difficile, en ne leur donnant rien quand elles veulent sortir, elles (les religieuses) peuvent garder longtemps et même toujours les plus habiles et spéculer sur leur habileté et leur travail... Il y a là, par la perte presque fatale de ces jeunes filles, des crimes qui crient vengeance.

C'est ainsi qu'on se garde bien de leur jamais procurer aucune place. Comme elles ne savent rien autre, en sortant de la maison, que la spécialité à laquelle on les a employées, on ne pourrait les placer que dans les maisons où se ferait le même travail. Ce serait alors aider la concurrence. Première et décisive raison de s'abstenir.

Hortense Taron, témoin (Enquête Nancy). — On

ne plaçait pas les pensionnaires à leur sortie de l'établissement ; on ne s'occupait pas d'elles. Je le sais personnellement parce que, quand j'ai voulu sortir de la maison en 1889, la supérieure a refusé de me chercher une place, en disant qu'elle ne l'avait fait qu'à de rares exceptions et qu'elle ne le ferait certainement pas pour moi.

D'ailleurs où sont les maisons concurrentes ? Je ne dis pas qu'il n'en reste plus. Mais ne voyez-vous pas qu'avec ses armées d'ouvrières, le Bon-Pasteur arrive de plus en plus à monopoliser presque totalement les industries sur lesquelles il se porte ?

De là pour les pensionnaires qui partent une impossibilité presque absolue d'utiliser nulle part l'habileté qu'elles ont acquise dans leur spécialité.

C'est l'observation que fait dans son rapport l'inspecteur d'Angers.

Pour permettre à l'enfant, dit-il, d'entrer dans la vie, de pouvoir s'y faire une place et gagner sa subsistance et son entretien, on lui apprend un métier dont elle ne pourra jamais se servir, car le monopole de la confection de ces chemises est acquis à la congrégation,... un métier qui leur donnera le choix ou de sortir et de mourir de faim, ou de rester éternellement exploitées par la congrégation qui les a élevées.

Pourtant, quand il s'agit du moins des « jours », il ne serait peut-être pas impossible que, en attendant d'avoir une place, une pensionnaire fît dans sa chambre et pût vendre quelques travaux de « jours ». Aussi pour leur enlever même cette ressource, veille-t-on avec grand soin à ce qu'aucune n'emporte en partant aucun échantillon.

Mlle Fort, témoin. (Enquête Paris). — J'ai été 29 ans au Bon-Pasteur.... Au moment où je me suis déshabillée devant la sœur du Mont-Carmel, j'ai secoué ma chemise pour lui faire voir que je n'emportais rien.

Loin même de les aider à se placer, on leur mettait au départ, à ces pauvres filles sans initiative, empruntées, timides et gauches, un accoutrement de mascarade qui les rendait encore plus ridicules,

Un grand nombre de personnes qui sortent du Bon-Pasteur, non pas comme renvoyées, mais après bien des sollicitations de leur part ou de la part de leur famille, sont, dit l'évêque de Nancy, habillées de vêtements pauvres si usés et parfois si ridicules qu'elles ne peuvent se présenter pour avoir une place honorable. Que peuvent-elles devenir ?

Et ce n'est pas tout encore ! Car tout s'enchaîne, les effets deviennent causes à leur tour, et comme le Bon-Pasteur partout où il s'installe, assure, confirme et, par la force des choses, multiplie ses monopoles d'autant plus largement qu'il a plus d'ouvrières, qu'arrive-t-il ? Les maisons concurrentes ne peuvent soutenir la concurrence contre des rivaux qui n'ont aucune charge de salaires : successivement elles disparaissent, les ouvrières qui travaillent dans ces maisons ou à domicile pour ces maisons, ne trouvent plus au dehors l'ouvrage qui les faisait vivre, et n'ont d'autre ressource, pour ne pas mourir de faim, que d'entrer dans les maisons du Bon-Pasteur, ou autres établissements semblables dans lesquels les commandes se centralisent et dont la force, l'autorité et la domination s'augmentent ainsi au fur et à mesure, plus grandes donc aujourd'hui qu'hier, et demain qu'aujourd'hui.

A chaque étape de ce procès, et de plus en plus, vous avez vu que le mobile, le mobile unique de ces religieuses, c'est la cupidité, une cupidité d'autant plus farouche qu'elle est impersonnelle, une cupidité d'autant plus dangereuse dans ses moyens et dans ses effets, qu'excitée par la rivalité des résidences locales entre elles, et des différents ordres entre eux, elle s'aveugle dans la contemplation d'une prospérité qui doit toujours grandir :

Les religieuses (du Bon-Pasteur) n'ont d'autre but que de gagner de l'argent.

Qui a dit cela ? l'évêque de Nancy, dans son mémoire de 1893, publié par le « Journal ».

Et M. le Procureur général n'a-t-il pas dit :

Au lieu de faire la charité, le Bon-Pasteur fait une excellente spéculation.

Abbé Dedun, témoin. (Enquête Nancy). — Un jour, trouvant que les travaux auxquels on employait les jeunes filles, notamment la confection des « jours » dans les chemises de femmes, était un genre de travail peu moral, je me permis d'en faire l'observation à la supérieure, qui me répondit textuellement : « Que voulez-vous ? C'est notre gagne-pain, cela nous fait vivre ».

Dans tous ces orphelinats, disait l'inspecteur des enfants assistés dans l'un des grands départements de l'Ouest, il existe une sorte d'école primaire qui laisse beaucoup à désirer.

Dans tous on recherche la plus grande somme possible de production, de façon à augmenter dans la plus large mesure celle des bénéfices. L'intérêt des mineurs est absolument sacrifié.

Le calcul domine tout : en un mot, c'est une exploitation aveugle et complète de ces malheureux enfants.

M. Th. Roussel cite cette appréciation faite dans un de nos départements de l'Est par un des Préfets qui, dit-il, ont apporté le plus d'attention à l'examen des documents de l'enquête.

Un renseignement me paraissait utile à obtenir : le chiffre de la dépense annuelle d'un enfant; j'aurais voulu connaître encore quel est le produit du travail des pupilles. Ces détails m'ont été soigneusement cachés ; ce qui m'a porté à croire que le but moral, humanitaire, qui existait à l'origine n'est pas le seul en réalité. En sorte que, sans nier les services rendus à la société par ces établissements, on est porté à craindre que la plupart ne soient surtout des entreprises commerciales fondées sur l'exploitation de l'enfant.

Pourquoi donc, Messieurs, cache-t-on avec tant de soin les bénéfices ? Pourquoi tant de mystère ? Il y a plusieurs raisons en termes brefs, je me borne à vous en indiquer seulement deux. Si les maisons dont il s'agit, — je parle de celles qui ont réussi et dont la prospérité est notoire, — étalaient leurs magnifiques inventaires, elles perdraient le prestige que

leur donne leur objet apparent, car elles se moque-
raient insupportablement du monde en proclamant
ainsi que leur prétendue charité n'est qu'un prétexte
et en définitive la plus fructueuse des industries. Les
apparences les servent merveilleusement et elles
tiennent à en conserver le bénéfice.

D'autre part, à crier famine, on émeut les cœurs
généreux et on provoque leurs générosités. On a
vu des mendiants loqueteux laisser après eux de
belles fortunes. Les aumônes eussent vite cessé
si on avait su qu'ils thésaurisaient.

En se disant pauvres, en invoquant l'obligatoire
devoir envers les malheureux, en prétextant de
prétendus embarras, ces maisons, qui exploitent
déjà le travail de leurs pensionnaires, peuvent encore
exploiter les libéralités des bonnes âmes et obtenir
l'autorisation de loteries.

C'est la remarque que fait le docteur Thulié dans
le rapport que je vous ai déjà cité.

Ceux qui se livrent à ce genre d'industrie, exploitent une double mine : le travail des petits malheureux et la sensibilité des gens de cœur ; on quête
pour secourir les orphelins qui ne sont en fait que
des ouvriers sans salaires.

D'ailleurs tout est de bonne prise et s'ajoute aux
bénéfices, ou vient en diminution sur les dépenses.

Même les menues sommes ou les divers objets
que donnent à l'occasion, ou qu'envoient les parents.

Mme Réguier Hobelingre, témoin. (Enquête Nancy).
— Quand on venait me voir au parloir, à peu près
tous les mois, mes parents me donnaient des petites

sommes de monnaie : la mère du Mont-Carmel les confisquait aussitôt, me promettant de me les rendre à ma sortie, ce qui n'a jamais été fait.

Même aussi le prix des chevelures opulentes.

Mlle J. Marchal, témoin (Enquête Paris). — Une autre de mes compagnes, nommée Antoinette, qui avait de très jolis cheveux qui descendaient très bas, les fit couper mais je ne sais pas par qui. Elle me raconta que c'était la mère du Mont-Carmel qui l'aurait engagée à faire cela pour qu'à l'aide du prix à provenir de la vente on pût acheter quelque chose à la Sainte-Vierge.

Par exemple, dans le Bon-Pasteur de Limoges, où la tonte se pratique en manière de punition, si j'en crois les renseignements que la « Fronde » a publiés dans son numéro du 6 novembre 1901, en citant nommément diverses pensionnaires victimes de cette opération.

Par exemple encore, dans le Bon-Pasteur de Besançon où on la pratiquait par persuasion.

Une ancienne pensionnaire s'exprime ainsi :

Le commerce des cheveux n'était pas moins rémunérateur, et je crois bien que, pendant longtemps, ce fut un coiffeur de la place St-Pierre qui eut l'adjudication de notre tonte.

On a dit qu'on nous coupait les cheveux de force. Non à moins toutefois que les sœurs n'eussent décidé que nous devions avoir des poux. Dans la plupart des cas, elles préféraient, je dois le reconnaître, agir sur nous par persuasion, en nous répétant à satiété que rien ne pouvait être plus agréable à Dieu et à notre Très Saint-Père le Pape que le sacrifice de notre chevelure. Quant à moi, je fus tellement tourmentée, sollicitée et obsédée que, pour avoir la paix, je me décidai à me laisser couper la natte. J'ignore ce que Léon XIII a touché là-dessus.

Ce que je sais bien, par exemple, c'est que j'ai reçu en sortant de cette maison : 0 franc 0 centime. Il paraît, pourtant, que j'aurais eu droit à cent sous; mais après un calcul très compliqué, il me fut démontré que c'était là une erreur impardonnable commise par l'économat.

Une autre pensionnaire de la même maison va nous montrer que, en dehors du prix de la chevelure un autre avantage qu'ont les religieuses dans la tonte des pensionnaires c'est de conserver plus long-temps les bonnes ouvrières.

Les religieuses tourmentent les pensionnaires jusqu'à ce qu'elles se soient décidées à se laisser tondre, d'abord parce que la vente des cheveux est une source de revenus pour l'établissement, et ensuite parce que l'opération faite, beaucoup de pensionnaires n'osent pas rentrer dans le monde et consentent à rester au Refuge jusqu'à ce que leurs cheveux soient repoussés. Voilà le moyen de conserver plus long-temps des ouvrières qui ne coûtent rien et qui produisent beaucoup.

Tel est le régime général des maisons du Bon-Pasteur.

Telles sont les conditions dans lesquelles a vécu, dans la maison de Nancy, Mademoiselle Lecoanet dont la plainte motivée a suscité l'action judiciaire.

Son histoire révèle la mise en œuvre des procédés habituels aux sœurs charitables.

Orpheline entrée dans la maison de Nancy en 1871 à l'âge de 13 ans non pas comme repentie, mais comme préservée, suivant les dénominations accoutumées ; très habile ouvrière, Mlle Lecoanet n'a pas tardé à produire un travail très lucratif.

Au bout de 8 mois sa sœur vient pour la chercher, la mère du Mont-Carmel fait appeler Mlle Lecoanet et cherche à s'opposer à son départ en faisant appel à sa loyauté et prétendant que la maison n'a pu encore récupérer par son travail les dépenses qu'elle lui a occasionnées. Si vous partez en ce moment, vous léserez la maison et ce sera voler le bien des pauvres, donc le bien de Dieu ; vous partirez avec la malédiction de Dieu et de vos maîtresses.

Ainsi conduite devant sa sœur, en présence de l'impérieuse religieuse, Mlle Lecoanet se tait et reste au couvent.

Au bout de quelques années elle tombe malade, on la croit poitrinaire. Donc il faut s'en débarrasser. On fait écrire à sa sœur de venir la chercher. Comme elle n'était qu'anémiée et affaiblie, quelques mois de soins, de vie au grand air, de repos et de bonne nourriture la rétablissent complétement.

Puisqu'elle est valide, la congrégation songe à la reprendre, avec une profonde astuce, la mère du Mont-Carmel lui écrit qu'en récompense de son bon travail, la maison a le devoir d'assurer sa convalescence pour lui refaire complètement sa santé avant de la laisser rentrer dans la vie du monde;

Mlle Lecoanet qui se trouve à la charge de sa sœur mariée et mère de famille, rentre au couvent, et désormais elle est bien gardée.

Pendant cinq ans, sa sœur ne recevra pas de ses nouvelles, ses lettres sont interceptées.

Elle faisait le travail le plus fin qui consistait à tirer les fils, dans la batiste pour faire des petits carreaux de dessin.

Et cela sans un arrêt de cinq minutes sur les 12 heures de travail quotidien sans compter les heures supplémentaires dites mystiques en vue d'une importante livraison ou d'une exposition.

La vue ni la santé de la pauvre ouvrière ne résistèrent à ce surmenage. On lui fit porter d'office des lunettes bleues et on lui met sans ordonnance des emplâtres à l'ammoniaque et cinq vésicatoires au front et aux tempes. Mais on la fait travailler à un ouvrage très difficile : une nappe destinée au Pape. On ne la fait pas examiner par un ophtalmologiste, si bien que l'aumônier du couvent se préoccupe de l'en faire sortir, afin de la faire rentrer ensuite à l'hôpital. Par une lettre à lui remise au confessionnal, la sœur de la prisonnière fut enfin prévenue et le 12 mars 1880 elle put partir après 17 ans de travail ; elle part sans un centime, sans un trousseau, malade et infirme par surcroît.

Sa sœur la fait soigner à Paris et dès qu'elle se sent mieux, au bout de six mois, Mlle Lecoanet veut travailler, mais quelle place possible ? Sa vue est trop affaiblie pour lui permettre des travaux fins d'aiguille. Placée comme bonne à tout faire, elle ne peut rester, à cause de sa vue.

Enfin elle se résigne à faire des jupes chez elle pour 1 fr. 75 par jour.

Les examens des experts, les docteurs Richardière, Guyot, Péchin, Delens, Despagnet, révèlent que tous les organes sont sains et normaux, mais qu'il existe un souffle anémique au cœur et une myopie acquise et une cataracte anormale, en raison de sa durée, de l'âge de la malade et d'antécédents héréditaires ou personnels. Tout doit donc être mis sur le compte du surmenage et de la mauvaise hygiène prolongée.

C'est dans ces conditions que Mlle Lecoanet réclamait à la maison du Bon-Pasteur une indemnité de 20.000 francs.

Sa demande est repoussée par le tribunal de première instance le 24 décembre 1900.

La cour d'appel de Nancy, conclut le 13 juillet 1901 à une contre-enquête médicale afin d'établir si l'affaiblissement de la vue est imputable au mauvais régime suivi.

Enfin le 28 février 1903, cette même cour dit que la preuve est faite ; que la maison du Bon-Pasteur s'est rendue coupable de claustration abusive à son égard ; qu'elle y a subi des excès de travail et contracté la maladie d'yeux qui en est la conséquence ; que les plaintes de Maria Lecoanet sont fondées relativement au régime de nourriture, à l'hygiène et aux soins de propreté ; que ces dires sont confirmés par d'autres témoignages qui montrent jusqu'où pouvait aller les règles les plus élémentaires de l'hygiène et de la plus vulgaire propreté ; qu'il n'est point surprenant que, soumise à un pareil régime, alors que ses forces usées par un travail fatigant et presque continu, ne pouvaient être réparées par une alimentation mauvaise et insuffisante, Maria Lecoanet indûment classée dans la catégorie des péni-tentes, soit tombée dans un état de profonde anémie, que toutes ses compagnes ont remarqué ; que, visitée par le médecin, des fortifiants lui ont été prescrits sans qu'ils lui aient été donnés ; ue cette omission était d'ailleurs dans les habitudes de la maison. (Enquête Nancy et Enquête Paris).

Attendu qu'après de longues souffrances aggravées par le manque de soins, Maria Lecoanet retenue au monastère contre sa volonté et ne pouvant faire appel à sa famille, chercha longtemps le moyen de se soustraire à sa pénible situation ; qu'elle finit par s'adresser à la compassion de l'aumônier qui, ainsi qu'il a été dit, se chargea d'une lettre pour la sœur de la recluse, la dame Baudoin, qui habitait Paris ; que celle-ci se mit aussitôt en rapport avec la supé-rieure et obtint que sa parente lui fut rendue ; que Maria Lecoanet, conduite à la gare, reçut des mains d'une religieuse un billet de chemin de fer qui lui permit de se rendre à Paris où elle arriva sans argent et dénuée de tout (Témoins de l'enquête).

Attendu que ce ne fut que sept ou huit ans après être sortie définitivement du Bon-Pasteur que Maria Lecoanet put reprendre des travaux, non pas de broderie, mais de grosse couture, et à la condition encore d'être secondée par une ouvrière qui l'aide et qui la guide ; qu'il y a donc lieu, pour l'évaluation des dommages-intérêts, de tenir compte de toutes ces causes de préjudice, et notamment de la diminution qu'elle subit dans ses aptitudes au travail et de la perte de salaire qu'elle entraîne avec elle ; qu'il convient de retenir aussi qu'ouvrière intelligente et habile, contrainte à un travail au-dessus de ses forces, elle a rapporté au Bon-Pasteur, pendant plus de dix-sept ans, de larges bénéfices dont le maigre entretien qui lui a été fourni a été loin de pouvoir être la compensation ; qu'on peut dire qu'en agissant ainsi le Bon-Pasteur a méconnu la règle primordiale de ses statuts, qui portent ces mots : « La congrégation a pour but le soin des pauvres. »

Qu'enfin le préjudice moral qu'a subi Maria Lecoanet réside dans ses longues souffrances, dans la résistance opposée à la volonté maintes fois exprimée par elle de quitter le couvent, dans sa claustration involontaire, et dans la privation de toute communication avec sa famille à laquelle elle avait fait en vain un suprême appel.

En conséquence, et pour la réparation de ce préjudice, condamne la congrégation du Bon-Pasteur à payer à la demoiselle Maria Lecoanet une somme de dix mille francs, à titre de dommages et intérêts, avec les intérêts au taux légal à partir du jour de la demande.

Ajoutons qu'à la suite de ce jugement un décret du 10 mars 1903 sur la proposition de M. Combes, président du Conseil, ministre de l'Intérieur, supprimait le Bon-Pasteur de Nancy.

Une telle aventure a-t-elle servi de leçon au public accoutumé de considérer les sœurs comme des exemples de toutes les vertus et leurs institutions charitables comme des Paradis ?

Ce serait trop compter sur la force de la raison directrice des actions humaines.

Au moins, dûment averties, les sœurs de charité ont-elles modifié leurs agissements ?

Nous lisons dans *La Petite République* du 4 avril 1903 :

Nous recevons la nouvelle de Tournon, que six religieuses du Bon-Pasteur d'Annonay (Ardèche), viennent d'être citées à comparaître devant le tribunal correctionnel de Tournon.

Ces religieuses sont inculpées de violences et voies de fait sur la personne de plusieurs de leurs pensionnaires.

L'instruction engagée par le parquet à la suite d'une plainte émanant d'un sieur Bonnardel, aurait révélé les faits suivants :

Plusieurs religieuses frappaient brutalement les jeunes filles dont elles avaient la garde. Une de ces jeunes filles notamment aurait été serrée entre deux portes et blessée par une sœur qui lui reprochait sa désobéissance.

L'enquête judiciaire aurait en outre révélé sur le régime même du Bon-Pasteur d'Annonay, des faits aussi graves que ceux qui ont été dévoilés au cours du procès du Bon-Pasteur de Nancy. L'hygiène de la maison est déplorable ; les dortoirs sont trop exigus, et par conséquent fort malsains ; l'infirmerie paraît-il, est un véritable foyer de tuberculose ; nombre de jeunes filles sont atteintes d'anémie et de déviation de la colonne vertébrale, et les décès sont très fréquents.

Les conditions de travail laisseraient extrêmement à désirer. Le surmenage est incroyable : les pensionnaires sont astreintes à des travaux de couture depuis cinq heures du matin jusqu'à huit ou neuf heures du soir ; elles doivent au surplus travailler tout ce temps assises sur des bancs sans dossier. La nourriture enfin est insuffisante pour le labour considérable qu'on demande aux malheureuses jeunes filles.

Voici les faits principaux déposés par les témoins devant le tribunal correctionnel.

Le premier est une jeune fille de dix-sept ans, Antonia Bonnardel :

Je suis entrée au Bon-Pasteur en 1897 ; dans les premiers temps j'y étais très bien. Puis, quelques années après, voilà qu'une fois j'avais laissé tomber mon mouchoir ; la sœur Sainte-Suzanne a voulu me le mettre sur la tête ; moi je ne voulais pas, parce qu'il était tombé dans la soupe et elle me l'a mis sur la tête quand même ; puis elle m'a battu, m'a attaché les mains, m'a donné des coups de poing dans le dos et piqué avec des épingles.

Une deuxième fois, c'était pour des bas. Je n'avais pas de bas et je le dis à la sœur Sainte-Suzanne, qui m'en donna une paire en me disant : « Prenez ceux-là, ils vous vont justes ». Ils étaient trop petits, le talon m'arrivait au milieu du pied. Malgré cela, sœur Sainte-Suzanne m'a forcée à les prendre, et je lui ait dit : « Si vous ne voulez pas m'en donner d'autres, je vais en chercher. » Et j'y suis allée ; alors elle m'a battue ; il y avait là Marie-Louise qui l'a vue et a crié : Au secours ! pendant que la sœur me battait.

La troisième fois une sœur m'avait chargée d'aller dire que c'était l'heure du souper, elle me dit de pousser le loquet, ce que j'ai fait ; mais je n'avais pas refermé, alors elle me bat, m'attrape par les cheveux, me donne des coups de poing ; la sœur Sainte-Désirée m'a giflée au milieu de la classe en me traitant de « sale fille, mendiante, rouleuse ». La sœur Sainte-Désirée m'a donné des coups de clé sur la tête et la sœur Ludovica m'a donné un coup de marteau sur la tête.

Le président.— Est-ce qu'on ne vous faisait pas faire certains travaux dans l'intérieur de la maison ? aider à laver la lessive ? et à quelle heure ?

R. —Quelquefois à une heure du matin, mais d'autres fois plus tard.

D. —Est-ce qu'on ne vous faisait pas porter de pleines corbeilles de linge mouillé, et de pleines cruches d'eau ?

R. — Oui.

D.— Lorsque vous êtes entrée au couvent, est-ce que vous vous portiez bien ?

R.— Oui, très bien, j'étais en très bonne santé.

D.— Qu'est-ce qui vous est arrivé pendant votre séjour au Bon-Pasteur pour que vous arriviez dans cet état ?

R. — Çà vient d'une déviation des hanches parce qu'on me faisait cirer.

Le procureur. — Est-ce que le docteur Plantier ne vous a pas examinée ?

R. — Non monsieur, il ne m'a pas examinée, il m'a simplement regardé la figure.

D. — A la date du 26 août 1902, une lettre n'a-t-elle pas été écrite au sujet de cette visite ?

R. — Cette lettre, ce n'est pas moi qui l'ai écrite, ni Marie-Louise, les sœurs l'ont faite et l'ont fait recopier.

D. — En temps ordinaire, à quelle heure vous faisait-on lever ?

R. — A cinq heures.

D. — Est-ce que vous n'avez pas à vous plaindre de sœur Sainte-Suzanne, c'est la scène du bain, en 1900 ou 1901 : vous avez été frappée par la sœur Sainte-Suzanne, dans quelles circonstances ?

R. — C'était pour le mouchoir, avec la sœur Sainte-Céleste ; en mars 1901, c'était la sœur Sainte-Ludovica ; le 22 août 1900, c'était avec la sœur Sainte-Céleste.

D. — Vous avez été frappée à coups de clef et à coups de marteau par la sœur Sainte-Ludvine, qui n'est plus actuellement à la maison ?

R. — Oui, elle l'a quittée.

D. — Est-ce que vous n'avez pas assisté à de mauvais traitements sur vos camarades ?

R. — Oui, Célestine Gachet, qu'on a tirée par les cheveux et à laquelle la sœur Sainte-Céleste a donné des coups de poing.

D. — Vous n'avez pas vu la sœur Ludovica frapper Charlotte Régny, la tirer par les cheveux ? Vous avez dit à l'instruction que cette sœur était très nerveuse et frappait de toutes ses forces ?

R. — Oui.

D. — Quelles sont vos autres camarades que vous avez vu frapper par les sœurs ?

R. — Suzanne Chaintreuil, qui a été giflée par sœur Sainte-Céleste.

Le procureur. — Est-ce qu'une sœur ne vous a pas craché à la figure ?

R. — Oui. la sœur Sainte-Suzanne ; c'est la même qui m'a battue pour les bas et qui m'a donné des coups de pied.

D. — Est-ce que vous n'avez pas vu la sœur Sainte-Ludovica frapper Julienne Chéron ?

R. — Oui.

D. — Dans quelles conditions ?

R. — Parce qu'elle ne voulait pas travailler.

Le procureur. — Vous avez déclaré à l'instruction que Julienne Chéron était malade, qu'elle ne pouvait pas travailler et que la sœur l'a mise au milieu de la salle et l'a frappée ?

R. — Oui.

D. — Est-ce que la sœur ne l'a pas poursuivie et prise dans la porte alors que ses camarades se sont mises à crier en disant : « Vous allez la tuer ».

R. — Oui.

D. — Est-ce qu'on ne vous a pas jeté un pot d'eau sur la tête ?

R. — Si.

M⁰ Vernet. — Je désire poser une question en ce qui concerne la scène des bas. Antonia Bonnardel a prétendu qu'elle avait été jetée à terre par la sœur qui l'avait fait tenir par deux de ses camarades et qu'à ce moment-là elle avait été battue. Pourrait-elle nous dire quelles étaient les enfants qui la tenaient ?

R. — Euphrosine Cleux, l'autre je ne me souviens pas.

M⁰ Vernet. — Est-ce que Louise Lagut n'était pas présente ?

R. — Oui.

M⁰ Vernet. — Euphrosine Cleux, la tenait et Louise Lagut était présente. Je prie le tribunal de retenir ces deux points, nous aurons à y revenir plus tard.

Porta Elisa (28 ans, sans profession, au Bon-Pasteur).

D. — Faites connaître les faits que vous savez ?

R. — Antonia Bonnardel, dont j'avais été chercher le souper, pleurait à mon retour ; je n'en connaissais pas le motif ; je n'ai pas vu si elle avait été battue ; elle est rentrée au réfectoire tout en pleurs.

D. — Elle ne vous a pas dit pourquoi elle pleurait ?

Le président. — Pourtant vous avez dit au juge d'instruction qu'elle avait été battue par sœur Ludovica ?

R. — Non.

D. — Il faut pourtant dire la vérité ; comment

se fait-il que vous ne dites pas la même chose ici que devant le juge d'instruction ?

R. — J'étais intimidée, je ne pouvais pas parler.

Le président. — Et la preuve, c'est que vous en avez dit plus long devant le juge que vous ne faites ici.

D — Est-ce que vous n'avez pas dit que vous avez vu Antonia Bonnardel entrer dans une pièce en pleurant, et que vous avez entendu quand elle a dit à une autre qu'elle avait été frappée.

R. — Oui, j'étais présente quand elle a dit que sœur Ludovica l'avait frappée.

M⁰ Vernet. — Ce témoin a expliqué que sœur Gonzague avait tenu des propos à ce sujet, mais elle a déclaré très nettement qu'Antonia Bonnardel n'avait pas dit que c'était sœur Ludovica qui l'avait frappée. Je demande une réponse catégorique à cette question : est-ce que c'est Antonia Bonnardel qui a dit au témoin que sœur Ludovica l'avait frappée, ou bien est-ce une autre personne.

Le président. — Lorsque vous avez vu Antonia Bonnardel entrer au réfectoire, en larmes, est-ce que c'est elle qui vous a raconté qu'elle avait été frappée, ou bien est-ce une autre personne ?

R. — C'est sœur Marie-Gonzague qui a dit : « Non, jamais sœur Ludovica n'aurait dû faire ça. »

Joséphine Rodier (46 ans, religieuse au Bon-Pasteur)

D. — Vous étiez présente lorsque sœur Sainte-Ludovica a giflé Antonia Bonnardel ?

R. — Oui j'étais présente.

D. — Dans quelles circonstances ?

R. — Un soir qu'elle avait troublé l'ordre au catéchisme.

Le procureur. Est-ce que la sœur Ludovica a donné une gifle à Antonia Bonnardel au moment où elle troublait l'ordre au catéchisme ou bien après?

R. — C'était après, au moment où elle rentrait au réfectoire.

Le président. — Donc, la correction n'a pas été appliquée sur l'heure.

Jacquier Marie, 18 ans (domestique à Chambéry).

Je jure devant Dieu que j'ai toujours été très contente dans le couvent et je n'ai que des remerciements à adresser aux sœurs, et je n'ai jamais reçu de mauvais traitements.

D. — Vous n'avez jamais vu frapper personne de vos camarades ?

R. — Celles qui le méritaient...

D. — Alors on les battait ?

R. — Celles qui le méritaient ; on leur donnait une petite tape : ce n'est pas grand'chose !

M⁰ Vernet. — Vous avez déposé à l'instruction contre les filles Bonnardel, je serais bien aise que vous précisiez. Vous les avez connues ? Qu'en savez-vous ?

R. — Oui, elles étaient paresseuses.

Le président. — Ce n'était pas une raison suffisante pour qu'on les frappe.

Marie-Louise Bonnardel (19 ans, sans profession, à Anneyron.)

D. — Vous êtes entrée au Bon-Pasteur avec votre sœur ?

R. — Oui, monsieur, en 1897.

D. — Est-ce que vous avez été bien traitée ?

R. — Non, mais j'ai été encore mieux traitée que ma sœur, bien que je ne fusse moi-même pas des mieux.

D. — Qu'est-ce qu'on vous a fait ?

R. — Environ deux ans après, j'étais avec Suzanne Chanfreuil, je travaillais avec elle, je n'avais pas pu finir l'ouvrage qu'on m'avait donné, elle s'amusait avec moi, elle a voulu me mettre les cornes ; je n'ai pas voulu parce qu'elle était aussi coupable que moi. Sœur Céleste est arrivée, m'a tirée, elles se sont mises à deux ou trois pour me traîner dans la salle, elle m'a battu à coups de sabot. Elle a pris mes cheveux en tas et les a tortillés avec une ficelle ; je les ai défaits, alors elle m'a pris la tête et l'a trempée dans le baquet que j'ai renversé.

D. — C'était un baquet où il y avait de l'eau sale ?

R. — Oui, à ce moment on a pris ma sœur, on l'a jetée sur le coin d'un banc qui lui a fait mal au côté ; je ne l'ai pas toujours vu battre, mais elle était beaucoup maltraitée, elle me le racontait après, mais je ne pouvais rien dire.

Le président. — Est-ce que vous n'avez pas vu Ludvine Bourgogne être giflée parce qu'elle ne vou-

lait pas manger sa soupe, parce qu'elle ne voulait pas aller à confesse ?

R. — La sœur Céleste voulait la faire aller par force, elle n'a pas voulu, elle a résisté ; on l'a étendue au milieu du réfectoire, on l'a giflée, on a voulu lui faire manger sa soupe par force et elle ne voulait pas.

D. — Vous n'avez pas vu d'autres de vos camarades frappées par les sœurs ? Rappelez vos souvenirs, c'est vous qui avez dit la plupart des faits de l'instruction, il y en a beaucoup de cotés.

R. — Il m'est difficile de me les rappeler au même instant, car j'ai toujours mal dans la tête, j'ai des névralgies.

D. — Est-ce que votre sœur n'a pas été frappée par sœur Sainte-Ludovica parce qu'elle était allée appeler les élèves ?

R. — Je ne l'ai pas vu, mais ma sœur me l'a dit ; c'est la sœur Gonzague qui a reproché son acte à la sœur Céleste en lui disant que c'était très mal et qu'on ne devait pas battre les enfants comme cela. Ma sœur est entrée au réfectoire les cheveux épars ; elle m'a dit qu'elle avait été tirée par les cheveux, qu'on lui avait donné des coups de poing dans le dos, qu'on l'avait frappée et que c'était sœur Ludovica ; elle avait encore la marmite à la main, on ne lui a pas donné le temps de passer.

Le Président. — N'est-ce pas l'histoire des bas ?

R. — Je sais que ma sœur est restée un jour sans bas, elle avait des bas dont le talon lui venait au milieu du pied. A la fin elle a dit : « Je ne veux pas

attraper du mal aux jambes ». Elle est allée au grenier où séchait la lessive pour en prendre d'autres et la sœur Suzanne s'en est aperçue et a dit : « Vous avez pris des bas, je vais vous les faire rendre ». Alors on est monté au grenier, Ludvine Cleux et une autre, Lagut, ont crié : « Au secours, on nous tue ». La sœur Sainte-Suzanne avait étendu ma sœur à terre et la traînait dans l'escalier.

D.— Est-ce qu'on ne vous faisait pas faire des travaux bien pénibles ?

R.— Tous les matins il fallait porter de pleines bassines de soupe, je coulais la lessive ; à ce moment il fallait se lever à une heure, deux heures ou trois, çà dépendait comme la lessive était grosse.

D. — Est-ce qu'on ne vous faisait pas bêcher le jardin ?

R. — Oui, on nous faisait aussi cirer la chapelle.

D. — Lorsque votre sœur est entrée elle était dans l'état où elle se trouve actuellement ?

R. — Non, monsieur, elle promettait de faire une belle fille, car elle est mieux constituée que moi, elle est plus musclée, elle a de plus gros bras que moi.

D. — Est-ce que vous n'avez pas été atteinte de scoliose, est-ce que vous n'avez pas dû porter un corset ?

R. — Oui, je l'ai à présent.

D. — Qu'est-ce qui vous a occasionné cela ?

R. — C'est le cirage des parquets.

Le Procureur. — On vous donnait une tâche à

accomplir par semaine, et si elle n'était pas finie, on vous punissait ou on vous battait.

R. — Oui.

D. — Pour le travail, vous étiez toutes réunies dans une même pièce et en grand nombre ?

R. — Oui, nous étions trente ou quarante, on se cognait le plus possible.

Le Président. — Et on n'y voyait pas. Quelle était votre nourriture ?

R. — Comme nourriture, nous avions le matin une soupe ; à midi une soupe et un morceau de pain, du macaroni ou des haricots, d'autres fois un morceau de viande, souvent pas bonne, d'autres fois de la saucisse avec un peu de riz ou bien de la salade de pommes de terre.

D. — Est-ce que vous mangiez à votre faim ?

R. — Oh ! pas toujours.

D. — Parmi les autres élèves du Bon-Pasteur qui ont eu à souffrir de mauvais traitements, est-ce qu'il n'y en avait pas une qui s'appelle Manola Marie ?

R. — On lui a craché à la figure. On lui a donné des claques. Julienne Chéron ne pouvait pas travailler, elle était fatiguée, on voulait la faire travailler, quand même, on l'a mise au milieu de la classe, elle s'est sauvée, et s'est rencontrée entre les deux portes qu'on a fermées ; c'est la sœur Ludovica et les élèves qui voyant cela ont crié : « Vous allez la tuer ! »

Lucie Ravaz, je ne me rappelle pas l'avoir vu battre.

Anaïs Coste, la sœur Ludovica lui a donné des claques et l'a tirée par les cheveux.

Charlotte Régny était toujours anémique, on lui trouvait toutes sortes de vices, on la battait, on lui tirait les cheveux.

Ludvine Bourgogne, je l'ai vue étendue à terre et la sœur Céleste la battait à coups de gifles. Pascal n'était pas de ma classe, Fournier non plus,

Le Procureur— Parmi cette série, est-ce qu'il n'y a pas d'autres scènes ? Un coup de marteau ?

R. — Je ne l'ai pas vu, c'est ma sœur qui me l'a raconté. De la sœur Ludvine, une pensionnaire a reçu également un coup de clé, c'est Lucie Cleux, et le sang a jailli, j'étais présente.

Ludvine Cleux (17 ans)

Je n'ai rien à dire ; tout le temps que j'étais au Bon-Pasteur, j'ai été bien; on ne maltraitait personne sans l'avoir mérité.

Le président. — A l'instruction, vous avez déclaré qu'en 1901 Antonia Bonnardel avait reçu des coups au milieu de la classe, on lui a donné le fouet.

R. — Oui, la sœur Céleste.

D. — Vous n'avez pas vu lui donner des coups de poing ou de pied et lui tremper la tête dans un baquet ?

R. — J'ai vu qu'elle avait de l'eau sur la tête, mais je n'ai pas vu qu'elle avait la tête dans le baquet.

· *Le procureur.* — Est-ce que vous n'avez pas vu la

sœur Ludovica donner un coup de clé à votre sœur ?

R. — C'est la sœur Ludvine.

D. — Est-ce qu'elle l'avait mérité ?

R. — Oui, elle l'avait mérité, elle avait fait une sottise.

D. — Alors vous admettez qu'on doit donner un coup de clé à une enfant quand elle a fait une sottise ? On doit la punir quand il le faut, mais il ne faut pas se porter à des voies de fait sur elle, les sœurs ne devraient pas se porter à ces voies de fait, surtout elles.

Lucie Cleux (13 ans).

— Il y a quatre ans que je suis sortie du Bon-Pasteur, j'étais très bien, je n'ai pas été battue.

D. — Vous n'avez pas été claquée quelquefois ?

R. — Si, quelquefois.

D. — Qui vous a frappée ?

R. — La sœur Ludvine et la sœur Céleste quelquefois.

D. — Est-ce que ce n'est pas vous qui avez reçu un coup de clé ?

R. — Oui, parce que j'ai cassé un verre.

Le Président. — Les religieuses vous donnaient des claques, mais la sœur Ludvine vous a donné des coups de clé pour avoir cassé un verre, cela prouve sa douceur,

Rosalie Bonnardel, femme Rouvier (48 ans).

Je suis la tante des enfants Bonnardel. Lorsque je suis allée les voir le 16 août, je les ai fait sortir pour les mener promener en ville, et les faire goûter, il faisait un grand vent qui avait levé son collet à la petite Antonia et je lui ai dit : « Comment se fait-il que tu es habillée tout de travers?

— Est-ce que c'est le plaisir de me voir qui ne t'a pas laissé le temps de t'habiller ?

— Mais non, ma tante, c'est une grosseur que j'ai.

— Comment tu as une grosseur? Depuis quand ?
— Il y a deux ans. — Comment? Depuis deux ans, et tu ne m'as pas prévenue, tu ne m'as ri 'n dit, pas écrit ! Est-ce que les sœurs le savent ? — Oui.
— Et qu'est-ce qu'elles disent ? — Elles se contentent de m'appeler bossue; mais on n'a rien fait, on ne m'a donné aucun médicament, rien ; je dis alors: « Je vais te mener chez un docteur. »

— Nous avons bien le docteur Plantier. Nous sommes descendues jusque sur la place des Messieurs ; j'étais tourmentée, mon mari me dit : « Il faut la mener chez le docteur ». Avant de le faire ne sachant pas si l'enfant était suffisamment bien vêtue, et par délicatesse pour ces dames, je su's allée au couvent, j'ai fait appeler la supérieure, elle m'a fait répondre qu'elle n'était pas visible. En son absence, j'ai demandé à parler à la première maîtresse qui est venue et je lui ai dit : Comment se fait-il qu'Antonia ait une grosseur, et qu'on ne m'ait pas prévenue. — Je ne sais pas, m'a répondu la sœur, il y a très longtemps qu'elle l'a, je lui ai toujours vue ; j'ai été d'autant plus étonnée de cette réponse qu'il y a trois ans j'ai mené Antonia à la Douvese, elle a couché avec moi et je puis affirmer qu'elle n'avait rien, absolument rien. On a dit qu'elle avait porté des enfants et que c'était la cause de son mal, je ne le crois pas. Je l'ai questionnée et elle m'a répondu qu'elle souffrait beaucoup. C'est en dedans, me dit-elle, il semble qu'on me râcle les os, et ça me brûle.

Je l'ai fait déshabiller au parloir et j'ai dit à la sœur maîtresse : « Touchez vous-même, le côté malade me brûle la main et l'autre côté est d'une chaleur naturelle ». La sœur maîtresse m'a répondu : « Nous allons la faire voir à un docteur ». Nous ne savions pas comment l'enfant était tenue. Nous avons aussi un docteur lui ai-je répondu, et nous la lui montrerons et si le vôtre n'y connaît rien, on la fera voir à un autre qui y connaîtra. Je ne me doutais pas qu'elle eût une déviation semblable. Et je laissai la petite au Bon-Pasteur. Dix jours après, on m'a écrit une lettre au nom de sa sœur Marie-Louise, et on me disait, mais ce n'était pas Marie-Louise qui l'avait écrite, on me disait : on a montré ma sœur au docteur et il a répondu qu'il n'y avait rien à faire, que c'était tout naturel, et qu'un corset ne pourrait que la faire souffrir, ne vous inquiétez de rien, grâce aux bons soins de notre digne mère, elle va complètement bien, il n'y a pas à vous inquiéter de rien, elle ne porte rien de lourd... et ainsi de suite.

Je ne m'en suis pas tenue là et huit jours après, je l'ai conduite chez le docteur Chambut, à Lyon, il me dit que l'enfant était toute tordue, estropiée, et qu'il fallait la mettre dans une gouttière pendant six mois, qu'il lui fallait l'immobilisation absolue. C'était souligné sur sa consultation. Si cette enfant s'avise de se lever de sa gouttière avant six mois, c'est tout à recommencer ; en la mettant dans un corset nous ne pourrions pas modifier cette grosseur ; il ne faut pas de corset avant dix-huit mois. Et le docteur terminait en disant : Je ne veux pas la revoir avant six mois ; il lui faut une gouttière et une immobilisation absolue.

Il y a eu une discussion avec le docteur Plantier qui voulait la faire sortir de sa gouttière. Mais elle est toujours malade, elle boite, elle n'a pas pris de nourriture à ce qu'on m'a dit : elle ne peut rien faire.

D. — Lorsque vous avez conduit votre nièce au Bon-Pasteur, en 1897, elle n'avait pas cette infirmité ?

R. — Non, elle était grande et bien portante, elle promettait de faire une grande et belle fille ; elle était comme ses parents, bien portante.

Ce que je puis affirmer, c'est qu'il y a trois ans, à la Douvese, la petite Antonia n'avait absolument rien ; elle ne relevait pas bien la tête, je lui disais : « Allons, lève un peu la tête, on dirait que tu as perdu quelque chose ». Lorsque ces dames étaient passées pour la quête, elles sont venues loger chez nous, je leur ai dit : Antonia baisse un peu la tête faites-y donc attention pour qu'elle la redresse. Elles m'ont répondu : C'est une mauvaise habitude, mais nous y ferons attention, elle pourrait arriver à se voûter, ce serait très désagréable. Ce n'est pas cette habitude qui l'a rendue malade, car son mal est sous le bras.

Le Procureur. — Marie-Louise comment va-t-elle?

R. — Elle a une déviation dans le dos et une hanche plus forte parce qu'on la faisait cirer ; elle est dans un corset de fer, il faut qu'elle ne fasse absolument rien ; chez nous elle fait des commissions, elle épluche des pommes de terre, elle essuie la vaisselle : ces enfants n'ont point de fortune, elles sont à l'assistance, que voulez-vous que j'en fasse ; l'une est dans un corset de fer, l'autre est toujours dans sa gouttière.

Rey Henriette (20 ans).

D. — Est-ce que les sœurs ne vous ont pas donné des gifles ?

R. — Si, j'ai reçu une tape, mais ça été pour mon bien, elles étaient très bonnes.

D. — A quelle occasion vous donnait-on des gifles pour votre bien ?

R. — Parce que j'avais mal répondu.

Le Procureur. — Vous n'avez pas été frappée par les sœurs Céleste et Sainte-Suzanne pour un bonnet que vous ne vouliez pas mettre sur votre tête ; est-ce qu'il n'y a pas eu une sorte de lutte, et en vous débattant n'avez-vous pas enlevé la cornette de la sœur ?

R. — La sœur Sainte-Suzanne me tenait, elle voulait me faire sortir de la salle et je ne voulais pas.

Le Procureur. — La sœur Céleste vous a donné des claques et la sœur Suzanne vous tenait. Vous avez résisté et avez décoiffé la sœur ?

M⁰ Vernet. — Elle a déclaré que la sœur Sainte-Suzanne la tenait ; or, dans son interrogatoire elle a dit que la sœur Suzanne ne la tenait pas pendant que la sœur Céleste la frappait.

Le Procureur. — Le 27 novembre, le témoin a dit : La sœur Céleste voulait me corriger et la sœur Suzanne me tenait pendant ce temps : je me suis débattue et j'ai fait tomber la cornette de la sœur. Lors de la confrontation, le témoin a légèrement rétracté cette déposition, et en somme n'a pas dit grand'chose. A l'heure actuelle elle dit qu'on la tenait par les deux bras pendant qu'une autre sœur la frappait.

Manola Marie (24 ans, domestique à Saint-Etienne.)

— On ne m'a jamais frappée.

Le Procureur. — On vous a craché à la figure.

R. — Non, monsieur, on ne m'a pas craché à la figure.

D. — Est-ce que vous n'avez jamais vu les sœurs frapper de vos camarades ?

R. — Non, je ne me souviens pas.

Le Président. — Il y a d'autres témoins qui déposeront des faits : Célestine Gachet a vu la sœur Suzanne vous cracher à la figure en 1901.

Gachet Célestine (17 ans).

D.— Est-ce que les sœurs se sont livrées à des voies de fait ?

R.— Oui, sœur Suzanne m'a giflée.

D.— Est-ce que vous ne l'avez pas vu tirer les cheveux à Antonia Bonnardel ?

R. — Non.

D.—Est-ce que vous n'avez pas vu sœur Suzanne cracher à la figure de Rose Manola.

Mlle Manola intervenant. — Non, monsieur, on ne m'a pas craché à la figure.

Le Président. — Je comprends que cela vous soit désagréable à avouer.

A quel moment cela s'est-il passé ?

R. — Il y a un an ou deux.

Mlle Manola. — Il y a trois ans que je suis sortie du couvent, on ne m'a pas craché à la figure.

D. — Vous êtes sûre que c'est sur la figure de ce témoin que sœur Suzanne a craché.

R. — Oui, monsieur.

Le Procureur. — Quel est le travail que vous faisiez au Bon-Pasteur ?

R — Dix chemises par semaine.

D. — Et quand votre tâche n'était pas faite, qu'arrivait-il ?

R. — On me battait ou on me grondait.

D. —Est-ce qu'on ne vous jetait pas par terre ? Vous n'avez pas vu de vos camarades jetées par terre ?

R. — Oui, Marie Virginie, je l'ai vue jetée par terre.

Le Procureur. — Vous n'avez pas vu frapper Antonia Bonnardel ?

R. — Oui.

D. — Quelles sont les sœurs qui frappaient le plus ?

R. — Sœurs Sainte-Céleste et Sainte-Suzanne.

D. — Est-ce que vous-même on ne vous a pas attaché les mains ?

R. — Oui.

D. — Pourquoi ?

R. — Je n'avais pas bien travaillé. On m'a attaché les mains et mise à l'espagnolette de la fenêtre.

D. — Et on a oublié de vous détacher au moment du repas ?

R. — Oui.

D. — Pendant combien d'heures ?

R. — Jusqu'à sept heures du soir.

D. — Et on vous y avait mise avant midi ?

R. — Oui, parce que je n'avais pas bien travaillé.

D. — Quelle sœur ?

R. — La sœur Sainte-Céleste.

D. — Est-ce qu'elle ne vous donnait pas des coups de bâton, quelquefois.

R. — Si, quelquefois.

Louise Lagot, seize ans, a vu frapper Louise Bonnardel à terre par la sœur Sainte-Suzanne.

Marie Piot, dix-sept ans, a été également frappée ; les sœurs ont refusé de la soigner tandis qu'elle avait été admise à l'infirmerie. Le travail était accablant ; la nourriture peu abondante ; très peu de récréation.

Plusieurs pensionnaires actuelles du Bon-Pasteur, subjuguées par la crainte que leur inspirent les sœurs, ne se rappellent pas avoir vu maltraiter leurs compagnes ou refusent de parler.

Le témoignage de l'une d'elles, Anaïs Coste, qui dit n'avoir pas été frappée, est formellement contredit par sa sœur.

Charlotte Rémy, quinze ans, et Augustine Pascal, dix-sept ans, se plaignent de la mauvaise qualité et de la pénurie des aliments. Le matin, on ne donnait aux pensionnaires qu'une soupe à l'eau où trempaient de rares légumes ; à midi, une soupe, un peu de légumes, et quelquefois un peu de saucisses. Le soir, de la soupe et du pain. Les sœurs avaient l'habitude d'infliger des punitions ridicules : elles mettaient les élèves au milieu de la salle, la robe à l'envers, un mouchoir sur la tête, souvent elles trempaient la tête des pensionnaires dans de l'eau sale.

Charlotte Rémy surtout se plaint du travail excessif. Elle a été atteinte deux fois par une anémie, mais n'a été soignée qu'au moment où elle devait partir du couvent.

Louise Bourgogne, dix-huit ans, encore au Bon-Pasteur, a été frappée parce qu'elle ne pouvait pas manger de soupe.

Elle a assisté à la scène où Antonia Bonnardel a été maltraitée.

Philomène Fournier, dix-sept ans, dépose en

bégayant que les sœurs la battaient quand elle était prise de crises nerveuses.

On lui jetait des seaux d'eau sur les vêtements.

Claudia Bichat a été fouettée devant ses camarades au réfectoire.

Demoment Célestine a été séquestrée pendant quinze jours à l'infirmerie, parce qu'elle ne faisait pas sa tâche, qui était de douze chemises par semaine.

Victor Robin, maçon, qui a travaillé au Bon-Pasteur, reconnaît que les sœurs le faisaient aider par des pensionnaires dans les gros travaux.

Agathe Sulpice a reçu de sœur St-Désiré un saladier d'eau sur la tête, parce qu'elle ne travaillait pas assez.

Ayant mal aux yeux, on l'a forcée à coudre.

Jules Royer, trente ans, employé à la compagnie du gaz, Paris.

Voici en deux mots ce que je sais. C'est moi qui ai adressé une plainte au parquet de Tournon pour avoir ma belle-sœur qui était au Bon-Pasteur ; ma belle-sœur s'appelle Charlotte Rémy, et un jour que je suis allé la voir, elle s'est plainte d'avoir enduré de mauvais traitements, d'avoir été mal nourrie, que les sœurs avaient fait sur son compte des insinuations malpropres que je ne veux pas renouveler ici.

Les médecins déposent ensuite. Leur témoignage paraît singulier ; ils craignent de se compromettre.

Le docteur Arnal, soixante-dix ans, d'Annonay, a reconnu qu'une des petites Bonnardel avait un développement anormal des muscles de l'épaule et de la hanche, mais n'a pas constaté de scoliose, ni de traces de coups.

Sur interrogatoire du président, il est possible que ce développement anormal des muscles de l'épaule et de la hanche provienne des travaux pénibles auxquels on avait assujetti Mlle Bonnardel ; il ne peut l'affirmer. Trois autres pensionnaires très anémiées, auraient eu besoin d'un régime plus fortifiant.

Le docteur Jean, de Valence, a examiné Marie-Louise Bonnardel ; elle est atteinte de scoliose, mais il pense qu'elle est d'origine congénitale ; comme traces de coups il a relevé au cuir chevelu une cicatrice qui peut provenir d'un coup de marteau.

Sur demande du procureur, le docteur déclare que peut-être cette scoliose aurait pu être arrêtée à son début par un traitement approprié.

Le docteur Plantier, d'Annonay, était le médecin du Bon-Pasteur ; sa déposition établit que l'état sanitaire était bon ; on ne l'appelait que dans les cas graves. Il n'a vu à ce couvent que les jeunes filles atteintes de scoliose ; le juge d'instruction lui en a présenté deux autres.

Les fournisseurs du Bon-Pasteur déposent, on le devine, au mieux des intérêts des nonnes.

Notons cependant les déclarations du boucher, qui établissent la quantité approximative de viande servie par les sœurs à leurs 200 pensionnaires : les sœurs me donnent environ 4,000 francs par an comme viande nette sortant de chez moi, plus six porcs et trois ou quatre veaux nés à la maison et une vache pour leurs salaisons.

Ce qui fait 11 francs de viande par jour pour 200 personnes. C'est maigre.

LE RÉQUISITOIRE

L'interrogatoire des nonnes inculpées est très bref : les religieuses reconnaissent la plupart des gifles, mais c'était pour corriger les enfants. Elles nient avoir versé des cruches d'eau sur la tête des enfants ; tout au plus quelques gouttes au visage ; elles n'ont jamais attaché les mains à l'espagnolette à personne,

Le président énumère pour chaque inculpée les diverses voies de faits reprochées ; elles sont nombreuses, surtout pour sœur Ludovica et sœur Céleste.

Le procureur de la République établit d'abord dans son réquisitoire, le régime d'exploitation auquel les pensionnaires du Bon-Pasteur étaient soumises : le travail exténuant, le manque de soins, les locaux sans air ni lumière.

Il a vu quarante petites martyres travaillant autour d'une seule lampe, et quelle lampe !

Et comme il en faisait l'observation à la supérieure, celle-ci lui déclara qu'elle n'avait pas de fonds suffisants pour éclairer davantage.

Il a pu constater quel repos on donnait pour le travail fourni.

Vous avez vu, dit-il, quel était l'emploi de la journée : lever dès l'aurore, cinq heures, cinq heures un quart ; jusqu'à sept heures du soir dans l'atelier ou à la chapelle : on passe de l'atelier à la chapelle de la chapelle à l'atelier et au réfectoire quelques instants, on a par hasard un quart d'heure de récréation, mais sur quatorze heures on peut dire sans exagérer qu'il y a dix bonnes heures employées à travailler.

Il n'y a pas de récréation pendant laquelle l'enfant puisse s'ébattre, se divertir, se récréer, il n'y a aucun jeu, aucune gymnastique, aucun exercice qu'on crée dans les établissements où l'on élève des enfants. C'est la vie contemplative, ou l'obligation de travailler sous la férule d'une surveillante assignant un labeur déterminé que l'enfant est obligée d'accomplir dans sa journée. Voilà ce que font ces enfants comme cela a été relevé et constaté, non seulement par l'information, mais aussi par un docteur.

Le procureur produit ensuite une lettre d'une religieuse donnant à Mme Rouvier des renseignements absolument faux sur la santé de ses nièces. C'est le régime général de toutes les maisons de cette congrégation, les mêmes punitions qu'inspirent des imaginations malades.

Il établit le bien-fondé des faits de la prévention, par les aveux des inculpés et les témoignages, et réclame une condamnation.

Les faits datent de la fondation de la maison et il est grand temps de faire un exemple.

L'avocat de la congrégation Me Vernet, demande l'acquittement des prévenues.

Le tribunal de Tournon a rendu le 24 mai son jugement dans l'affaire du Bon-Pasteur d'Annonay. Cinq religieuses et une employée de l'établisse-

ment étaient poursuivies pour coups et blessures
donnés aux jeunes pensionnaires.

Voici les condamnations qui ont été prononcées :

Adrienne Dubois, en religion sœur Ste Suzanne ;
Marguerite Wilhem, en religion sœur Ste-Ludovica,
et Cécile Danguilhon, en religion sœur Ste-Anne
sont condamnées chacune à 25 fr. d'amende.

Anaïs-Marie-Providence Fajol, en religion sœur
Ste-Emile ; Jeannette Calfoux, en religion sœur
Ste-Seneste, et Marie-Philomène Léorat, dite Marie-
Thérèse, employée au Bon-Pasteur, sont condam-
nées chacune à 15 francs d'amende.

Toutes six sont, en outre, condamnées solidaire-
ment aux dépens.

D'autre part M. Gaston Cagniard relate dans la
Petite République du 6 avril 1903 :

Le parquet de Tours vient de terminer l'information qu'il avait ouverte contre les sœurs du Refuge
de Tours : trois sœurs de cet établissement congréganiste vont être prochainement renvoyées devant
le tribunal correctionnel, sous l'inculpation de coups
et blessures sur leurs pensionnaires.

L'instruction de cette affaire, on s'en souvient, fut
commencée dans les premiers jours d'octobre 1902
par M. Florand, juge d'instruction. A la suite
d'une dénonciation adressée à M. Pic-Paris, maire
et sénateur de Tours, le parquet fit une visite au
couvent du Refuge. Cet établissement n'est pas
seulement un orphelinat-ouvroir comme au Bon-
Pasteur de Nancy ; le Refuge de Tours est surtout

un couvent de préservation pour les jeunes filles en danger moral.

Au cours de leur visite les magistrats découvrirent des cellules de punition en forme d'oubliettes ; les charges se précisèrent, notamment ce qui concerne la sœur Sainte-X... qui fut poursuivie sous l'inculpation de sévices et de violences sur les jeunes filles confiées à sa garde.

L'accusation révèlerait à la charge de cette sœur les faits les plus graves, et nous croyons même pouvoir ajouter que les récits que les journaux ont fait de ces agissements sont dépassés par les témoignages recueillis.

Au lieu d'appliquer les règles de discipline en usage dans les maisons de correction reconnues par le gouvernement, plusieurs religieuses du Refuge de Tours auraient inventé un régime renouvelé des prisons de l'Inquisition espagnole.

- Tous les supplices, car ce terme n'est pas trop fort, en usage dans ce monastère, sont, paraît-il, copiés sur les « *exercitia* » d'Ignace de Loyola ; mais le fondateur de l'ordre des Jésuites appliquait à lui-même ces tortures et ne les imposait pas aux autres; pour gagner le ciel, il s'astreignait, raconte-t-on, à avaler des déjections de cholériques.

La sœur Sainte-X... pour sauver les âmes de ses pénitentes les auraient obligées, au Refuge de Tours, à lécher les dalles des cabinets d'aisances, et le sol de l'étable. Sous les plus extrêmes menaces, elle aurait contraint une jeune fille à avaler les crachats d'une de ses compagnes atteinte de tuberculose.

Elle avait recours pour l'aider dans l'exécution de ces punitions à d'anciennes pensionnaires du couvent, membres du tiers-ordre de Saint-Dominique, qui aggravaient, par des raffinements de cruauté odieux, les supplices inventés par elle.

Au cours de différentes perquisitions, le parquet a saisi un appareil qui servait à doucher les jeunes filles, même assure-t-on quand elles étaient indisposées à certaines époques de l'année ; diverses camisoles de force analogues à celles employées dans les asiles d'aliénés pour les fous furieux ; enfin une paillasse sur laquelle il était d'usage d'étendre les mortes et que l'on plaçait dans les cellules de punition pour terroriser les pensionnaires qui y étaient détenues.

En un mot il ressortirait de cette longue et saisissante enquête judiciaire qu'à l'abri des murs d'un couvent, sans droits, sans délégation de la puissance publique, ni même de l'autorité paternelle, des religieuses ont prononcé contre des jeunes filles, non des corrections, mais des pénalités qui dépassent en horreur les peines édictées par les tribunaux du moyen-âge et qui sont, dans l'état de notre civilisation, de véritables monstruosités.

Le 18 juin 1903 le procès du Refuge vint, devant le tribunal correctionnel de Tours, compléter et aggraver par les dépositions des témoins les faits dévoilés par l'instruction.

La principale accusée, la sœur Sainte-Rose (un nom bien doux pour un bourreau) reconnaît parmi les faits incriminés : les croix de langue sur les

Fischer

latrines, les barbouillages de bouse de vache, les mises en cellule, au cachot, et la vente des cheveux — c'est déjà joli — mais les témoins suivants feront la preuve des autres méfaits que la sœur nie ou plutôt qu'elle essaie d'annihiler par de jésuitiques distinctions.

Disons de suite que deux autres sœurs du Refuge ont servi d'auxiliaires ou tout au moins de spectatrices impassibles aux procédés de correction de la sœur Sainte-Rose.

Voici les faits caractéristiques que nous relevons dans les dépositions des témoins :

On fait coucher une pensionnaire sur une paillasse encore couverte des déjections provenant du cadavre d'une autre pensionnaire, morte quelques heures avant. Une pensionnaire est baillonnée pendant des heures, une autre a été frottée avec des orties, plusieurs ont eu la tête plongée dans le seau d'eaux grasses.

Les croix de langue sont une punition fréquente, on doit les faire partout : sur le plancher, sur la terre, sur le siège des cabinets; mais pour compléter cette recherche d'ordures, on fait manger aux enfants de la bouse de vache, des limaces et des excréments. On leur donne des douches glacées, même au moment des règles ! Enfin un témoin a été forcée d'avaler *des crachats de tuberculeuse !!*

Les employés du coiffeur témoignent que la coupe des nattes était une opération courante et lucrative pour la congrégation.

L'inspecteur du travail démontre que son action

était absolument illusoire, les sœurs étant libres de
ne le recevoir qu'après avoir fait disparaître tous
les objets compromettants et terrifiant les pensionnaires au point qu'en leur présence aucune n'osait
répondre aux questions de l'Inspecteur.

Notons les dépositions des deux médecins, l'un
le Dr Schoof, ne sait rien, n'a rien vu... si, cependant, il a remarqué avec étonnement que les jeunes
filles ne possédaient en fait de cuvette pour se laver...
que *leur vase de nuit !* C'est tout ce qu'il ose dire
de défavorable aux sœurs.

Mais le second le docteur Grodvolre, ancien médecin militaire n'hésite pas à déclarer que toutes ces jeunes filles sont des dégénérées, des hystériques, des hal-
lucinées — par suite que leurs témoignages sont des
mensonges, et les sœurs calomniées des anges, des
pauvres martyres. On le voit considérant très sincèrement les pensionnaires qui se plaignent comme des
mauvais soldats, et regrettant de ne pouvoir les mettre à la salle de police — et même en prison, pour
oser réclamer. — Allez ! Rompez !

Tristes échantillons de notre corps médical.

Ils auraient dû être les premiers à intervenir et
faire au moins ce qu'ont osé faire à Nancy un aumônier et un évêque.

Mais nous savons avec quel soin et après
quelle enquête approfondie les couvents choisissent
tout le personnel laïque de leur domesticité et particulièrement leurs médecins.

Il faut qu'ils soient assurés du silence dans tous
les cas, et quelquefois de la complicité de ces hommes

doublement criminels puisqu'ils trompent la société qui leur a donné le droit exorbitant de vie et de mort sur leurs semblables, et les malades qui se livrent à eux. Et cependant de ces êtres abjects, on en trouve toujours. Les derniers procès en ont montré quelques-uns. En voici deux qui ne déparent pas la collection. Nous en connaissons bien d'autres et nous ne les connaissons pas tous.

Après les dépositions sur les sévices dont se sont rendues coupables les sœurs, quelques témoins viennent montrer comment elles comprenaient l'honnêteté.

D'abord en échange du travail des pensionnaires, souvent prolongé jusque dans la nuit sans arrêts importants, on ne leur donne qu'une mauvaise nourriture, des vêtements juste suffisants et des ustensiles de toilette qui ne coûtent pas cher à la congrégation, comme nous venons de le voir.

Pour plus de sûreté il n'y a pas de pendule au Refuge ; de cette façon impossible aux pensionnaires de savoir combien d'heures elles travaillent !

Une pensionnaire a été empêchée de partir à 21 ans parce qu'elle avait à toucher un héritage de 1.200 francs. On l'a enfin laissée partir, mais on a gardé l'argent. Huit ans après, quand elle s'est mariée, son mari a réclamé. Les sœurs ont laissé engager des poursuites judiciaires et au moment de se voir condamnées, elles ont demandé une transaction par laquelle leur ancienne pensionnaire a touché sur son héritage de 1.200 francs..250 francs.

Tous ces faits ont été repris par l'éminent avocat

M⁰ Prévost dont nous avons vu, au procès de Nancy, la plaidoirie si lumineuse par l'arrangement des faits comme par leur exposition.

Citons seulement dans sa conclusion, ce résumé des hauts faits des congrégations protectrices de l'enfance récemment mis à jour.

En 1882, à la suite d'une enquête ordonnée par le Sénat, M. Th. Roussel a dénoncé ces établissements de charité.

Un évêque a dit : Il n'y a pas un patron qui exploite les ouvrières comme ces religieuses exploitent les malheureuses jeunes filles qu'elles emploient.

En 1900, nous avons vu le procès du Bon-Pasteur d'Angers. En 1901-1902 celui de Nancy. En 1903, le scandale d'Annonay et de La Rochelle, et nous voici maintenant aux scandales de Tours.

Et cela n'empêche et n'empêchera jamais les congrégations les plus âpres au gain, les plus dures envers les enfants, les plus tortionnaires d'avoir à leur disposition plus de sujets qu'elles n'en peuvent accepter, tant est profonde l'ignorance du public au sujet des agissements cléricaux.

Notons avec soin que de tous ces procès récents que nous avons analysés avec soin, la plupart des journaux n'en ont pas rendu compte.

Le procès de Nancy qui a eu successivement les honneurs de la correctionnelle, d'une enquête, d'une contre-enquête et de la cour d'appel n'a même pas été mentionné par la plupart des journaux — même ministériels, — sauf au moment du prononcé du jugement. — Mais le grand public ignore et ignorera toujours les dépositions si nettes des témoins.

Seuls les journaux anti-cléricaux et socialistes ont rapporté les faits qu'il est cependant plus utile de connaître et de faire connaître que les détails d'une revue militaire !

C'est pour combler cette lacune que nous avons cru devoir reproduire ici les traits essentiels de ces informations regrettant seulement que le cadre de cet ouvrage, ne nous permette pas de les citer in-extenso, car rien n'est plus propre à porter la conviction que la mise en lumière brutale et complète de faits certains.

Mais les faits une fois connus, quel enseignement en tirer ? Supprimer, fermer bien vite tous ces couvents pleins d'ordures. C'est évidemment la seule solution qui se présente à l'esprit.

Ce n'est pas cela pour la morale bourgeoise dont le parfait représentant, M. Harduin, juge ainsi les conséquences des procès dont il parle ce mois-ci pour la première fois !

Il est évident que le service d'inspection organisé pour protéger l'enfant et la femme ne donne pas des résultats suffisamment efficaces, tout au moins suffisamment rapides. On peut s'en rendre compte par les procès de Nancy et de Tours.

A Nancy, pendant des années, les religieuses du Bon-Pasteur ont pu exploiter jusqu'à la mort les malheureuses filles qu'elles recueillaient soi-disant dans un but charitable, et, en réalité [pour enrichir leur ordre, jetant les malheureuses orphelines à la rue sans aucune ressource quand épuisées, malades, tuées par le travail et la mauvaise nourriture, elles ne représentaient plus une source de gain.

A Tours, pendant des années aussi, la congrégation de Notre-Dame-de-la-Charité-du-Refuge a joui de l'impunité. La sœur Sainte-Rose-du-Cœur-de-Jésus obligeait les petites filles à lécher la dalle des lieux d'aisances, leur barbouillait la figure avec de la bouse de vache et des excréments humains, quand elle ne les contraignait pas à en manger, les forçait à coucher sur des paillasses souillées des déjections de petites filles qui venaient d'y mourir !

Et ces horreurs ont pu continuer très longtemps malgré le service d'inspection.

Lorsque l'inspecteur se présentait, on le faisait attendre à la porte afin de mettre tout en ordre à l'intérieur. Et lui l'innocent inspecteur, attendait complaisamment, passait une revue superficielle et s'en allait sans se douter un seul instant des abominables forfaits que laissait subsister son inspection pour rire.

Oui, il faut entourer le service d'inspection d'autres garanties, il faut que ceux qui en sont chargés soient armés pour accomplir sérieusement leur mission et qu'une responsabilité pèse sur eux quand ils n'auront pas sévi en temps utile.

H. HARDUIN.

Enfin pour les personnes qui remarqueraient qu'il s'agit toujours des mêmes congrégations uniquement consacrées à la « protection » de l'enfance malheureuse, nous relaterons un incident qui s'est produit lors du récent départ des Chartreux en application de la loi de 1901. Nous citons le récit du *Temps*, journal non suspect d'anticléricalisme ni d'esprit révolutionnaire :

Dès le lendemain du jour où la Chambre rendait son vote, les Chartreux invitaient les sœurs qui desservent l'hospice de Saint-Laurent-du-Pont à quitter cet établissement et à rejoindre leur maison-mère en abandonnant les hospitalisés.

Cet hospice était jusqu'à ce jour entretenu par les Chartreux, et les sœurs qui y faisaient le service et qui avaient été appelées par eux font partie d'une congrégation autorisée. L'autorité préfectorale prévenue de ce qui se passait, fit savoir aux sœurs que si elles abandonnaient l'hospice de Saint-Laurent-du Pont, cette retraite serait de nature à porter le plus sérieux préjudice à leur congrégation.

En même temps le ministre de l'Intérieur prévenu, chargeait le préfet de notifier aux Chartreux le refus d'autorisation qui les concerne. De son côté le procureur de la République avisé par le ministère de la justice, requérait du tribunal civil de Grenoble dans les formes prescrites par l'article 18 de la loi du premier juillet 1901, la nomination d'un liquidateur chargé de poursuivre la liquidation des biens des Chartreux. Ce liquidateur assurera l'entretien de l'hospice de Saint-Laurent-du-Pont, conformément à la loi qui dispose que l'entretien des pauvres hospitalisés, sera jusqu'à l'achèvement de la liqui-

dation, considéré comme frais privilégiés de liquidation.

Combien admirable de charité ce geste des bons
Chartreux qui, mis en demeure de cesser leur fructueuse alcoolisation des Français, partent en faisant
claquer les portes... sur les malades qu'ils hospitalisaient.

Alors ce n'était donc pas par amour du prochain
que ces bonnes gens soignaient les malades ! C'était
uniquement une ingénieuse réclame pour leur commerce de liqueurs. Fini le commerce, lâchons les
malades — comme le locataire expulsé qui se garde
bien d'emporter ses meubles hors d'usage et ses
non-valeurs.

La vérité cette fois crève-t-elle les yeux ?

Dûment convaincu de l'insuffisance et dans beaucoup de cas de la nocuité de la charité privée, le
Gouvernement a voulu, dans ces dernières années,
centraliser toutes les œuvres de bienfaisance sous sa
direction et sous son contrôle.

D'ailleurs sous l'influence des idées socialistes, il
substituait le nom d'Assistance à celui de Charité et
de Bienfaisance. De là est né le projet de loi sur les
associations et la bienfaisance privée déposé par le
Président du Conseil sur le bureau de la Chambre le
17 octobre dernier.

Il se réduit à armer le Gouvernement contre les
associations, congréganistes pour l'immense majorité, qui, sous prétexte de charité se livrent à l'exploitation de la misère et de l'enfance que nous avons
exposée dans le cours de cet ouvrage.

Son but, ses motifs et aussi ses points faibles ont été exposés avec une parfaite compétence par le Docteur Thulié dans le *Progrès Médical* du 28 février 1903. Nous ne pouvons en donner une meilleure idée qu'en reproduisant cet article :

Le projet de loi sur la surveillance des établissements d'assistance privés déposé à la Chambre des députés par le Président du conseil des ministres fait couler beaucoup d'encre.

Il n'est plus question que de liberté dans les journaux et sous la plume des gens qui l'ont combattue à outrance quand ils étaient au pouvoir et qui la combattraient avec la même rage si jamais ils y revenaient. Cependant le projet du gouvernement n'est pas plus attentatoire à la liberté que les autres lois de la protection de l'enfance. De même que l'on s'efforce de mettre des entraves aux attentats contre les enfants du premier âge et de supprimer les faiseuses d'anges, de même on veut par une loi sérieuse, empêcher l'exploitation coupable des enfants d'un âge plus avancé. Par cette loi on cherche à frapper l'industrie des tartuffes qui déguisent sous le nom de charité des spéculations établies sur le travail non rétribué d'adolescents mal nourris, mal logés par économie, laissés, pour tirer bénéfice de tout leur temps, sans instruction professionnelle. Dans ces conditions, à leur sortie de la maison dite de charité, les filles sans métier, incapables de gagner leur vie, sont acculées à l'alternative de la prostitution ou du suicide ; les garçons sans état, par conséquent sans pain et sans espoir de le gagner ,

normalement, se jettent dans la carrière de souteneur, de cambrioleur ou d'anarchiste ; les plus
débrouillards mènent ordinairement ces trois car-
rières de front.

Depuis longtemps, la cruelle histoire de ces
exploitations est connue. De temps en temps,
un scandale éclate et soulève l'opinion ; on s'indigne, on dresse des projets pour la défense des miséreux, enfants, malades, vieillards incapables de se
défendre eux-mêmes. Mais le temps passe, les indi-
gnations s'oublient, les projets de loi s'enlisent et le
courant social reprend doucement sa marche couvrant tous ces actes criminels.

Quand un gouvernement se rappelle et agit, quel
tapage, quelles clameurs !... Aujourd'hui que l'idée
de solidarité sociale a pénétré les esprits, les polé-
mistes habiles cherchent à soulever l'opinion au
nom de la liberté de secourir les pauvres, et de réparer dans la mesure du possible les injustices du sort.
En étudiant sincèrement le projet de loi, sans se
laisser duper par ce libéralisme artificiel, on s'aperçoit qu'il ne veut troubler que la liberté des exploiteurs et des escrocs et qu'en réalité, un grand
nombre des partisans inattendus de la liberté
s'efforcent de sauver l'arche sainte parce qu'elle est
aussi la caisse.

Si le public honnête et sans parti pris était exactement renseigné, sa révolte aurait vite raison des
objurgations des défenseurs indirects des chevaliers
d'industrie de la charité.

Ces partisans occasionnels de la liberté disent bien qu'ils maudissent les spéculateurs de la bienfaisance ; mais en fait, ils s'opposent de toutes leurs forces au vote d'une loi qui permettrait d'empêcher leur abominable trafic. Cependant, quelque peu versé que l'on soit dans la pratique des œuvres d'assistance, il est difficile d'ignorer aujourd'hui qu'il y a des exploiteurs de la bienfaisance et que les plus habiles sont ceux qui vivent, non de la charité qu'on leur fait, mais de la charité qu'ils font. Les défenseurs de l'exploitation hypocrite des enfants ont pu cependant être renseignés par les enquêtes, les jugements des tribunaux, les colères indignées d'un évêque qui, avant sa dénonciation, était leur ami. Mais cela ne les touche pas, ils ne veulent rien savoir et protestent au nom de la liberté, qu'ils détestent, et qu'ils ont toujours combattue quand ils étaient les maîtres.

On trouve une preuve irréfutable de l'existence d'un très grand nombre de ces œuvres, dont la bienfaisance est le prétexte et la spéculation le véritable but, dans l'admirable travail de M. Théophile Roussel présenté au Sénat pour soutenir le projet de loi sur la protection des enfants abandonnés, délaissés et maltraités. Jamais à aucun moment, les faits publiés par cet homme de bien, aussi modéré que juste et bienveillant, n'ont été contestés, même dans les discussions les plus vives. Ce rapport date de trente ans ; mais de temps en temps un scandale nouveau vient nous faire connaître que les choses n'ont pas changé. Dans cette longue étude de l'enquête faite

en 1892 sur les orphelinats, ouvroirs, refuges, etc..,
par le ministère de l'intérieur, M. Th. Roussel
démontre que les enfants enfermés dans un très
grand nombre de ces établissements sont de véritables victimes de la spéculation, soumises souvent à
une hygiène déplorable par nourriture insuffisante,
par surmenage dans le travail, par privation de
grand air et de liberté ; il démontre aussi que l'instruction primaire y est ordinairement négligée et
quelquefois absolument nulle, que l'enseignement
professionnel y fait complètement défaut, que dans
quelques-uns on donne de dangereuses leçons de
mendicité et de vénalité, et que les filles à leur
sortie de ces établissements charitables, véritables
maisons industrielles, sont incapables de subvenir
à leur existence n'ayant pas de métier, et fatalement
vouées à toutes les misères et à tous les désordres.
On constate encore qu'un grand nombre de ces
maisons dites de charité, refusent à l'autorité tout
renseignement, ou restent obstinément fermées à
toute visite des inspecteurs de l'Etat ; que l'existence
de quelques-unes lui est inconnue, même dans le
département de la Seine, et que dans ces cas,
malheureusement trop nombreux, il est impossible
de surveiller les pratiques coupables dont les
enfants sont victimes.

De tout cela, on doit conclure nécessairement que
des établissements destinés à recevoir des personnes
incapables de se défendre, enfants, malades, vieillards, ne doivent pouvoir exister sans être légale-
ment soumis à la surveillance et au contrôle de
l'Etat.

Jusqu'en 1892, l'Administration, s'appuyant sur l'édit de 1666, sur l'ordonnance de 1749, et sur l'avis du Conseil d'Etat de 1806, croyait posséder le droit de contrôle et de fermeture de ces établissements ; le législateur, comme l'administration y croyait si fermement que M. le député Pichon l'affirmait à la Chambre des députés sans rencontrer une contradiction, ou même l'expression d'un doute. Non seulement ce droit était affirmé devant la Chambre, mais encore il avait été sévèrement appliqué. Malgré cette croyance générale et traditionnelle, malgré les avis très affirmatifs de jurisconsultes éminents, malgré des applications retentissantes, un ministre timide et prudent, dans la crainte d'une contestation qui cependant jusqu'alors ne s'était jamais produite ou n'avait même jamais été indiquée, s'adressa au Conseil d'Etat qui, par son avis du 14 janvier 1892, déclara : que dans l'état actuel de la législation, le gouvernement ne possède des droits de police et de contrôle que sur les établissemne's de bienfaisance privés fondés par des associations de plus de vingt personnes, ou sur ceux auxquels s'applique une réglementation résultant de textes spéciaux.

En fait, d'après cet avis, qui règle la jurisprudence actuelle, le gouvernement est dépourvu de tout droit de police et de contrôle, car les sociétés de plus de vingt personnes peuvent facilement diminuer le nombre apparent des fondateurs d'un établissement de bienfaisance, ce qui se fait couramment d'ailleurs. Il ne conserve donc ce droit que sur les institutions reconnues d'utilité publique, celles qui précisément ont le moins besoin de surveillance.

Non seulement l'enquête du ministère de l'intérieur sur les établissements de bienfaisance privés, mais encore les rapports des inspecteurs généraux signalant la continuation des mêmes abus et décrivant l'état abominable de certains établissements au point de vue de l'hygiène, démontra au gouvernement qu'il était impossible de rester désarmé devant ces abominations.

Le conseil supérieur de l'Assistance publique, à l'ouverture de sa session de 1894, fut invité, par un rapport du Directeur de l'Assistance et de l'hygiène publiques, approuvé par le ministre de l'Intérieur, à donner son avis sur la nature et l'étendue des pouvoirs dont l'Administration doit être investie à l'égard des établissements de bienfaisance privés. J'espère, lisait-on dans ce rapport, relatant des faits monstrueux, avoir mis en lumière la nécessité de compléter notre législation charitable par une loi relative aux établissements de bienfaisance privés ; et j'ai l'honneur de vous proposer de confier la préparation de cette loi au conseil supérieur de l'Assistance publique.

Un premier rapport, très solidement documenté, dont les conclusions se résumaient dans un projet de loi, fut déposé.

Ce projet de loi tendait à se rapprocher le plus possible de la loi du 30 octobre 1886 sur les établissements d'enseignement primaire privés, dans ses

conditions d'ouverture, de contrôle, et de fermeture. Cette similitude s'expliquait facilement pour
ce qui concerne les enfants, car ceux dont la loi nouvelle doit s'occuper, étant soumis le plus souvent au
régime de l'internat et n'ayant, dans un très grand
nombre de cas, d'autre défenseur que l'Etat, ont
besoin d'une protection, au moins aussi attentive
que les enfants de l'instruction primaire qui ont pour
défenseurs naturels leurs parents.

Les malades et les vieillards doivent bénéficier
d'une protection semblable parce que, désarmés par
la maladie ou par l'âge, ils sont incapables, comme
les enfants sans famille, de se défendre eux-mêmes.
Le parallélisme de ces deux lois devait d'ailleurs
faciliter la connaissance et l'application de la loi
nouvelle.

Le projet de loi parut à la commission du Conseil
supérieur, chargée de cette étude, attentatoire à la
liberté de la bienfaisance, alors que la loi du 30 octobre 1886 n'a jamais été accusée d'attenter à la
liberté de l'enseignement primaire.

Un autre rapporteur fut nommé et un nouveau
projet supprimant toutes les garanties de la déclaration, modifiant les conditions de l'inspection
ordinaire des établissements de bienfaisance, ne
donnant enfin le droit de fermeture qu'à l'autorité
judiciaire, fut présenté au Conseil. Ce rapport ne
concluait pas par un projet de loi, comme l'avait
demandé l'administration, mais par une courte
série de principes qui non seulement diminuaient
l'efficacité de la déclaration et du contrôle, mais

encore proposaient avec une habileté caractéristique, la suppression, pour les établissements de bienfaisance privés, de deux des lois scélérates : la loi de 1886 dans ses articles 40 et 42 ayant trait, l'un aux conditions d'ouverture de toute école primaire, l'autre à l'obligation de recevoir la visite de l'inspecteur primaire, et la loi de 1892 sur l'inspection du travail dans les manufactures.

Voici comment le nouveau projet procédait à cette élimination : les établissements de bienfaisance privés ne pourraient être visités que par des délégués du gouvernement et non par des inspecteurs ordinaires, généraux ou autres, de l'Assistance, de l'Instruction publique et du travail dans les manufactures.

Après une longue discussion, le Conseil supérieur vota une série d'indications présentables grâce à l'initiative de M. Paul Strauss, indications qui furent soumises au Conseil d'Etat. De l'étude et de l'avis du Conseil d'Etat, le gouvernement a tiré le projet dont il a saisi le Parlement qui aura institué, s'il l'adopte, une loi réellement protectrice de l'enfance et des malheureux incapables de se défendre, permettant aussi de faire disparaître les établissements d'exploitation de la charité.

Ce projet donna toute satisfaction aux partisans du premier rapport présenté au Conseil supérieur de l'Assistance publique, sauf en ce qui touche l'ouverture des établissements de bienfaisance privés. En lisant le projet du gouvernement, on voit que le parallélisme avec la loi de 1886 sur l'organisation de l'enseignement primaire s'est pour ainsi dire imposé. Le projet s'en rapproche visiblement dans ses conditions de surveillance et de pénalité.

Ce qui rend les décisions de l'autorité administrative moins discutables dans la loi de 1890, c'est qu'elles sont déterminées par les avis d'un conseil départemental de l'instruction publique, et en second ressort par le Conseil supérieur. On ne peut, quelques sévères que soient les mesures prises par un préfet ou par le ministre, accuser l'administration d'abus de pouvoir, puisqu'elle n'a agi qu'après discussion et délibération d'Assemblées composées d'hommes absolument compétents. Une minorité du Conseil supérieur de l'Assistance publique avait demandé la création, par la nouvelle loi, de ce rouage qui assure des garanties de justice, et de donner au Conseil départemental d'hygiène et au Conseil supérieur de l'Assistance publique, vis-à-vis des établissements de bienfaisance privés, les attributions du Conseil départemental et du Conseil supérieur de l'instruction publique vis-à-vis des établissements libres de l'enseignement primaire. On a objecté que le Conseil départemental et le Conseil supérieur de l'instruction publique sont en partie nommés à l'élection, alors que le Conseil d'hygiène et le Conseil supérieur de l'Assistance publique sont entièrement nommés par l'administration.

Mais le collège électoral manque-t-il donc pour constituer ces derniers conseils ? Médecins des hôpitaux, professeurs de faculté, membres des conseils

d'administration des hospices et hôpitaux, directeurs
d'établissements d'assistance privés reconnus d'utilité publique, hygiénistes, pharmaciens, etc., ne
forment-ils pas un corps électoral présentant toutes
les garanties ? Quant au Conseil supérieur de l'Assistance, ces différents électeurs ne pourraient-ils
faire ce que fait le corps enseignant et voter par
catégories ? La loi établirait sans aucune difficulté,
ces catégories d'électeurs. L'action des Conseils
départementaux dans l'ouverture des établissements
privés de l'enseignement primaire est absolument
précieuse ; une organisation semblable doit être con-
sidérée comme indispensable pour l'ouverture des
établissements d'assistance privés surtout quand on
se rapporte aux faits lamentables constatés dans
l'enquête de 1881, aux cas cités dans l'Encyclopédie
d'hygiène et de médecine publique de Napias et
A. Martin, et dans le rapport au ministre de l'Intérieur fait par le directeur de l'Assistance et de
l'Hygiène publiques.

La nécessité de ce Conseil départemental d'assistance avait déjà été indiquée il y a plus de cinquante
ans. En 1851, dans un projet de loi sur l'Assistance
présenté à l'assemblée législative, M. de Mun
demandait, non seulement la création d'un comité
départemental d'assistance chargé de la direction et
de la surveillance qui lui sont attribuées par les
lois et les règlements sur les institutions et les
établissements départementaux d'assistance.

Le projet de loi présenté par le gouvernement
comprend 15 articles. Après avoir défini ce qu'est

un établissement de bienfaisance privé, il impose :
sa déclaration à la mairie dans les huit premiers
jours de son ouverture ; un registre d'identité des
assistés coté et paraphé par le juge de paix ; l'obligation de l'enseignement professionnel ; l'obligation de la constitution d'un fonds commun pour
donner un secours en argent à l'assisté à sa sortie de l'établissement, ou la remise d'un pécule
dont la quotité est fixée par âge à partir de l'âge
de 13 ans. Il impose aussi la surveillance par le
service d'inspection de l'Assistance actuellement
existant, par le préfet, par le sous-préfet, en vertu
d'une délégation préfectorale, par le secrétaire général ou un conseiller de préfecture, n'étant d'ailleurs
dérogé en rien à la loi sur l'enseignement primaire
et à celle sur la surveillance du travail dans les manufactures. En outre, le projet de loi donne au préfet le pouvoir de fermeture de l'établissement dans
les cas : d'insalubrité, d'immoralité, d'absence d'enseignement professionnel, de non constitution du
fonds commun pour secours de sortie, ou de non
formation du capital pécule de l'assisté. Le préfet
prononcera aussi la fermeture de l'établissement si
ses injonctions n'ont pas été exécutées, le directeur
dudit établissement ayant la possibilité d'un recours
transmis au ministre par le préfet et jugé par le Conseil d'Etat ; toutefois, la réouverture ne pouvant avoir
lieu sans autorisation préfectorale. Des poursuites
seront ordonnées devant le tribunal de simple police
pour les infractions aux articles imposant la déclaration, l'existence du registre d'identité, la réou-

verture sans autorisation préfectorale et la violation des règles établies par le règlement d'administration publique pour ce qui regarde le fonds de secours et sa distribution, ou la remise du pécule ; enfin poursuite en correctionnelle de tout directeur qui refuse de se soumettre à l'inspection.

La loi ainsi constituée protègera efficacement les faibles sans défense ; elle me paraîtrait excellente avec quelques modifications. A l'article premier, il y a un second paragraphe ainsi conçu : Est considéré comme ayant créé un établissement de bienfaisance tout particulier ou toute association recueillant plus de sept assistés.

Il est certain que lorsqu'une famille recueille chez elle un ou deux enfants, elle reste une famille et ne constitue pas un établissement d'assistance. Mais il y a des réunions de moins de sept enfants qui servent à des spéculations fâcheuses, ne serait-ce que celles qui sont organisées par des entrepreneurs de mendicité déguisés en bienfaiteurs. D'autre part, il y a des réunions de plus de sept enfants qui ne peuvent être considérées comme des établissements de bienfaisance, par exemple l'œuvre souvent rappelée de M. Delouze qui avait recueilli 18 jeunes filles, les avait élevées, fait instruire, dotées et mariées dans le seul but de se constituer une famille nombreuse et de faire du bien. Le chiffre des personnes recueillies n'est donc pas le seul élément à considérer pour constituer l'établissement charitable. La question de nombre est un point de fait qui doit être laissé à l'appréciation de l'Administration, et, en dernier ressort des tribunaux. Il serait donc utile qu'il n'y eût pas de chiffre indiqué par la loi pour constituer un établissement de bienfaisance privé.

C'est à l'article 2 que se rencontre mon plus sérieux désaccord, presque le seul, avec le projet. Il dit dans un premier paragraphe : avant l'ouverture de l'établissement ou au plus tard dans les huit jours qui suivent cette ouverture, le fondateur est tenu d'en faire la déclaration à la mairie. Cette déclaration indique le siège de l'œuvre, son but, la personne responsable de sa direction. Il en est donné récépissé. La déclaration devrait toujours être faite avant l'ouverture qui n'est en vérité admissible qu'après certitude acquise par l'autorité que l'établissement déclaré peut recevoir sans danger des assistés. Fermer un établissement en activité, si ses conditions hygiéniques sont intolérables, est plus fâcheux à tous les points de vue, et pour l'impression décourageante sur le public bienfaisant, et pour les assistés jetés sur le pavé, que de retarder son ouverture jusqu'à l'exécution des améliorations nécessaires ou même de le fermer si les améliorations sont impossibles. Il vaut mieux prévenir que de frapper.

Le docteur A. J. Martin racontait au Conseil supérieur, dans la discussion sur le sujet qui nous occupe, qu'une brave et généreuse vieille demoiselle s'était donné la mission de recueillir des petites filles violées par leurs parents ; elle les logeait dans une pièce de la partie supérieure de l'habitation où les lits étaient tellement rapprochés les uns des autres qu'il fallait les faire enjamber par les enfants qui allaient successivement prendre leur place dans ce singulier dortoir.

Il n'y a encore dans ce cas qu'un encombrement dangereux au point de vue moral, mais que dire de cet orphelinat situé à 5 kilomètres de Paris, cité dans le rapport de l'Assistance et de l'Hygiène publiques, établissement dans lequel il n'y aurait que 48 lits pour 66 orphelines, lits munis de matelas infects, la plupart dépourvus de draps, les autres couverts à demi de guenilles dégoûtantes.

Les jeunes filles qui occupaient ces lits étaient des privilégiées ; les autres étaient couchées sur des grabats, sans draps, sans oreillers, sans couvertures, disséminées partout, dans des cabinets, des couloirs, des paliers carrelés, glacés...

Et les dortoirs de cet autre orphelinat situé dans la région du nord ! Ils sont installés dans un hall dont le pavage en briques posées sur champ, est au niveau du jardin, sans sous-sol, sans cave. Ce hall de 35 mètres de long est séparé en trois travées par des cloisons de bois percées de fenêtres restées sans vitres tout l'hiver. Dans les deux travées latérales, larges de 4 mètres, se trouvent les lits, et la travée centrale sert de préau couvert. Ces dortoirs sont donc sans lumière et sans air et il y règne une fade odeur de moisi.

Cette description est faite par une inspectrice générale.

Jamais pareille demeure n'aurait dû pouvoir s'ouvrir et la simple déclaration n'aurait certainement

pu sauvegarder les premières victimes. Beaucoup
d'enfants ont dû mourir d'avoir vécu dans ces abominables endroits. Mais les pauvres meurent sans
bruit et l'hôpital est un grand silencieux. Cependant
on a connu un des effets de cette organisation abominable ; c'est toujours le rapport de M. Monod qui
nous renseigne : Pendant la nuit du 7 au 8 novembre 1890, dix petites filles couchées dans le dortoir
qu'a décrit Mme l'inspectrice générale, furent
atteintes de congélation des pieds, sept peu gravement, trois fortement, dont l'une, la jeune B... à un
degré tel que transférée d'urgence à l'Hôtel-Dieu
elle dut y subir l'amputation des deux pieds. Ne
serait-il pas indispensable d'empêcher de s'ouvrir
des établissements pareils ?

Dans le premier projet de loi proposé au Conseil
supérieur il était spécifié : qu'après toute déclaration et avant l'ouverture de l'établissement d'assistance, une délégation nommée par le préfet et composée de l'inspecteur départemental de l'Assistance
publique et de deux membres du conseil d'Hygiène
de Salubrité et d'Assistance devait être chargée
d'examiner si les locaux sont suffisamment appro-
priés à leur destination et se trouvent dans les
conditions d'hygiène indispensables.

A défaut d'opposition, l'établissement pouvait
ouvrir à l'expiration du mois sans autre formalité.

On voit que c'est presque la copie de la loi de
1886, sur les établissements d'enseignement primaire privés.

Et c'est le seul moyen d'empêcher les spéculateurs

de la charité d'organiser la mortalité sous prétexte de bienfaisance.

Dans le même art. 2 on lit : S'il s'agit d'une œuvre consacrée à recueillir les mineurs, la déclaration spécifie en outre, la nature de l'enseignement professionnel qui leur sera donné, quand ils seront en âge et en état de travailler. C'est excellent, mais une déclaration manque, c'est la déclaration des ressources possibles.

C'est la jurisprudence du Conseil d'État pour l'ouverture des hôpitaux, c'est une nécessité que des exemples nombreux et récents nous indiquent : Je connais à Paris, disait M. Paul Strauss dans cette discussion, telle œuvre qui n'offre aucune garantie au point de vue de l'hygiène, et la personne qui dirige cette œuvre est obligée d'aller mendier pour la soutenir.

Qui ne se rappelle parmi les familiers de la bienfaisance, d'avoir reçu la circulaire de la directrice d'une œuvre de l'enfance qui demandait des secours pour l'achat d'un fourneau destiné à faire cuire la nourriture des pauvres enfants qu'elle recevait. Que l'on se rappelle l'orphelinat de Courbevoie d'où les jeunes filles disparaissaient sans qu'on ait pu les retrouver ; qu'on se rappelle l'*OBOLE* et son asile de vieillards, œuvre montée par un souteneur et sa maîtresse et qui finit en correctionnelle laissant dans la rue des malheureux qui avaient été hospitalisés ; que l'on se rappelle aussi la maison de retraite de l'abbé Kérien, dont la spécialité était d'escroquer les vieillards qui lui avaient confié leur avoir contre son engagement de les loger et de les nourrir jusqu'à leur mort.

Cette affaire d'assistance passa aussi devant la correctionnelle. Si avant l'ouverture des établissements de bienfaisance privés, la loi exigeait que la déclaration soit accompagnée de l'exposé des ressources destinées à subvenir aux besoins des assistés, et, à défaut de ressources existantes, de donner la liste des personnes qui se réunissent pour organiser l'œuvre de bienfaisance, les escrocs seraient absolument démasqués, ne pourraient organiser la traite des pauvres, et l'on n'aurait pas à déplorer les tristes exemples, presque déshonorants pour une société policée, que je viens de citer. On n'aurait pas aussi à déplorer la recherche des ressources dans la mendicité, non seulement du spéculateur lui-même, mais encore dans certains orphelinats, des enfants, exemples cités dans le rapport de M. Monod, dans le travail de M. Théophile Roussel, par les inspecteurs. etc., on ne verrait pas le budget des recettes de certaines maisons formé pour une grande partie, par la présence rétribuée des enfants aux enterrements des gens riches, comme cela a été démontré par l'enquête de 1881. Ce dressage à la vénalité des larmes et à la mendicité serait supprimé.

Avec ces modifications légères l'article 2 me paraît excellent, surtout dans cette obligation absolue, et dont l'application doit être sévèrement surveillée, de déclarer la nature de l'enseignement professionnel qui sera donné aux enfants.

C'est du travail des enfants qu'un grand nombre

d'orphelinats tirent leurs ressources ; le rapport de M. Th. Roussel l'avait nettement déclaré, la lutte de l'évêque Turinaz contre le Bon-Pasteur a démontré que rien n'était changé dans ces pratiques de l'exploitation de l'enfance. La loi projetée permettra de faire justice de ces honteuses pratiques, elle donnera aux malheureux enfants, par son article 4, le moyen d'avoir un métier à leur sortie de l'établissement et de ne pas être exproprié de leur seule fortune, de leur seul capital, le travail.

Par les articles 5 et 6, ils auront la certitude de ne pas être dépouillés de l'argent gagné par eux, et de toucher un pécule en quittant la maison où ils auront appris un métier.

Voici ce que dit ce projet de loi pour la formation de ce pécule : il est opéré sur les ressources des établissements, pour le compte de chaque assisté et par journée de travail un prélèvement dont le minimum est fixé : 0 fr. 10 par assisté de 13 à 15 ans ; 0 fr. 15 par assisté de 15 à 18 ans ; 0 fr. 20 par assisté au-dessus de 18 ans.

Les sommes revenant aux intéressés sont versées tous les trimestres à la caisse d'épargne postale, au nom de chacun d'eux.

Les versements sont inscrits sur un livret individuel et le capital ne peut être remis aux titulaires qu'à leur majorité ou en vue de favoriser leur établissement.

Mais cette loi devra être sévèrement appliquée, ce qui n'a pas toujours lieu pour d'autres lois aussi utiles et qui ont été ardemment demandées, comme la loi sur l'instruction primaire. L'énumération des fonctionnaires chargés de l'inspection peut nous être une garantie de son application, à la condition toutefois que l'inspection générale, composée d'hommes si érudits et si expérimentés, fasse des tournées fréquentes pour dissiper, sur quelques points du territoire, la somnolence provinciale, et fournir les avis et les conseils que leur haute compétence dans les questions d'assistance rend précieux et souvent nécessaires.

En résumé, cette loi excellente, avec quelques modifications très légères, surtout en ce qui touche à l'ouverture des établissements, sauvegardera efficacement les droits des assistés, des faibles qui ne peuvent se défendre eux-mêmes, enfants malades et vieillards ; elle empêchera les spéculations hypocrites et criminelles qui n'ont pu jusqu'ici être atteintes, ni même, trop souvent, être connues.

Telles sont les appréciations d'un médecin distingué et d'un homme particulièrement éclairé sur la question.

Si l'on peut lui faire un reproche, c'est d'accepter comme satisfaisantes en somme des mesures que nous considérons comme incomplètes et tout à fait inefficaces.

Avec nous, tous les esprits dégagés des nécessités politiques et gouvernementales admettront que la répression de la toute-puissance cléricale est illusoire — qu'il faut, de toute nécessité libérer tous les esprits des idées religieuses pour les soustraire à l'influence congréganiste — et que l'Assistance ne

peut procéder que de la solidarité sincèrement consentie.

Comme toutes les demi-mesures, le projet du gouvernement ne satisfait pas les esprits éclairés — et
mécontente cependant les cléricaux tout autant que
le ferait une suppression radicale de leur influence.

En voici la preuve dans une lettre adressée au
Temps par le porte-paroles attitré de la charité
bien pensante.

Monsieur le Directeur,

Vous m'avez ouvert à plusieurs reprises les colon-
nes du *Temps* en me permettant d'y traiter certaines questions sociales ou charitables. Voulez-vous
bien m'y accorder encore l'hospitalité pour attirer
l'attention sur une question née d'hier et qui ne
laissera pas, je crois, vos nombreux lecteurs indifférents. Je veux parler du contre-coup déplorable
qu'aurait sur les œuvres de la bienfaisance privée
le projet de loi que M. le Président du conseil a
déposé dans la séance du 17 octobre dernier et dont
l'urgence a été votée par la Chambre.

L'article premier de ce projet frappe des peines
portées par la loi du 1ᵉʳ juillet 1901, qui ne sont pas
moindres que l'emprisonnement de 6 jours à un an :
1° Tous individus qui auront ouvert ou dirigé un
établissement congréganiste de quelque nature qu'il
soit, scolaire ou autre, sans l'autorisation exigée
par la dite loi ; 2° Tous ceux qui auront favorisé

l'organisation ou le fonctionnement d'un établissement visé par le présent article.

Cette disposition de la loi nouvelle a du moins un
mérite : celui de la clarté, et on ne pourrait pas faire
ce même éloge de tous les articles de la loi du premier juillet 1901 sur les associations : il y est parlé,
en effet, expressément non seulement des établissements scolaires, mais des autres c'est-à-dire de ceux
qu'on est convenu de désigner sous le nom d'établissements hospitaliers : hospices. hôpitaux, ouvroirs,
orphelinats, refuges, etc.. Point de doute non plus
sur le sens du mot établissement. Lorsque la loi du
1er juillet 1901 a été votée, une certaine incertitude pouvait exister sur la signification du mot.
On pouvait croire avec la langue et le bon sens,
qu'il s'agissait d'un établissement où une congrégation serait au moins chez elle. Aujourd'hui cette
incertitude a disparu, et nous savons comment le
gouvernement l'entend. Il l'entend de tout établissement où résident des congréganistes, lors même que
cet établissement serait la propriété d'un particulier
ou d'une société civile. Exemple : j'ai construit à
mes frais un hospice sur un terrain qui m'appartient.
J'ai traité avec une communauté autorisée pour
qu'elle mette à ma disposition six sœurs chargées
de tenir cet hospice. Ces sœurs sont payées par moi
directement, et je peux les renvoyer comme elles
peuvent me quitter. Il n'importe : mon hospice
devient un établissement congréganiste, et, aux
termes de la loi nouvelle, si les sœurs y sont instal-
lées par moi avant que l'autorisation ne leur ait été

accordée, nous sommes passibles elles et moi, d'un emprisonnement de 6 jours à un an.

Telle est la disposition principale, ou plutôt unique, de la loi proposée par M. Combes.

Eh bien, je dis que si cette disposition est adoptée, c'en est fait dans notre pays de la liberté de la charité.

Comment les choses se passent-elles en effet dans la pratique lorsqu'une ou plusieurs personnes, possédant ou à peu près les ressources nécessaires, et obéissant à une pensée philanthropique, entreprennent une fondation destinée, dans leur pensée, à soulager ou réparer quelque humaine misère : la maladie, la vieillesse, l'abandon. Une fois le terrain acheté, les plans arrêtés, se pose la question toujours difficile du personnel. Pour la résoudre, neuf fois sur dix, ces personnes s'adressent à une de ces anciennes congrégations, Saint-Vincent de Paul, la Sagesse, Saint-Charles de Nancy, Saint-Joseph de Cluny et bien d'autres que je pourrais citer avec lesquelles les communes, les départements, l'Etat lui-même sont liés par des traités, car ces congrégations tiennent pour son compte des hôpitaux, des hospices, des prisons. Pourquoi ? On peut donner de cela plusieurs raisons.

Je veux pour l'instant, laisser de côté une des principales : la confiance morale que ce personnel inspire, le dévouement dont on est sûr, la probité scrupuleuse, enfin la certitude qu'une fois le traité fait, c'est en quelque sorte pour toujours, et que s'il survient quelque difficulté, ou quelque décès, la sœur à remplacer le sera par une autre dans les quarante-huit heures, sans que les fondateurs aient de nouveau à se mettre en campagne. Il y a encore une autre raison, assez prosaïque, mais souvent dominante, que je vous demande la permission de mettre en lumière par un petit fait.

Il y a une vingtaine d'années, j'avais été chargé par la Société philanthropique, association charitable fort ancienne et absolument neutre au point de vue confessionnel, de chercher le personnel nécessaire pour tenir un Asile maternel destiné aux femmes relevant de couches. Vu la nature spéciale de l'œuvre, j'avais cru bien faire en cherchant une directrice laïque et j'en avais trouvé une excellente de tous points, qui aurait fait parfaitement l'affaire assistée de deux auxiliaires.

Elle me demanda douze cents francs de traitement, une chambre à coucher, et un petit salon, exigence qui n'avait rien que de très légitime.

L'obstacle était que, pour le personnel, nous n'avions prévu que deux chambres en tout. Force fut donc à la Société de s'adresser à une congrégation qui lui fournît pour neuf cents francs trois sœurs, et ces trois sœurs se contentèrent de deux chambres.

C'est pour ces raisons multiples que beaucoup de personnes, non seulement des catholiques, mais des indifférents, des israélites, (les protestants ont leur diaconnesses) s'adressent aux congrégations. Or, d'après le projet de loi de M. Combes ces personnes ne pourront plus installer des sœurs dans leurs fondations sans autorisation préalable. Mais dès que l'autorisation entre en jeu, la liberté est supprimée, et on ne pourra pas plus soutenir que la charité demeure libre, si on lui refuse le droit de choisir ses auxiliaires qu'on ne pourrait prétendre que l'enseignement est libre, si on lui refusait le droit de choisir ses maîtres.

On dira peut-être : C'est une question de forme ; jamais l'autorisation ne sera refusée, quand la fondation sera bien conçue et aura un but utile ; je veux le croire. Je veux croire que ce projet de loi n'est pas une arme de guerre, que ce n'est pas un moyen d'attaquer ou plutôt de paralyser ce que M. le Président du conseil appelle la « Congrégation », ce qu'on pourrait appeler plus exactement l'Eglise catholique dans ses œuvres vives. Mais observez qu'il ne s'agit pas ici d'une autorisation préfectorale qui peut être donnée rapidement et en connaissance de cause, ni même d'une autorisation ministérielle déjà plus longue à obtenir, il faut, et l'exposé des motifs de la loi le dit expressément, un décret rendu au Conseil d'Etat, de sorte que, pour trancher la question de savoir s'il convient de fonder dans tel ou tel village, un hospice de dix vieilles femmes ou un ouvroir pour vingt jeunes filles tenues par trois sœurs, il faudra mettre en branle toute la machine administrative, et faire intervenir successivement ministres, conseillers d'Etat et le président de la République par dessus le marché. C'est encore plus absurde que vexatoire.

Observez également qu'en supposant même que

la bonne volonté du Conseil d'Etat égale son impar-
tialité, le temps matériel lui fera défaut pour examiner rapidement ces demandes d'autorisation. De
ce chef seul, il est en ce moment accablé de travail.
Il est déjà saisi, dit-on, de douze mille demandes
d'autorisation, et je n'en suis pas étonné, vu le
nombre considérable d'établissements congréganistes qui existent en France, du moins au sens singu-
lièrement extensif que le gouvernement donne à ce
mot. Avant de s'occuper des demandes nouvelles, il
voudra liquider les anciennes, et ces demandes nouvelles il les soumettra à toutes les minuties et les
lenteurs des enquêtes administratives : avis du
conseil municipal, du préfet, du ministre, etc., etc.
Tout comme s'il s'agissait d'une enquête de com-
modo et incommodo concernant un établissement
dangereux ou insalubre. A supposer qu'elles n'aient
pas à redouter un refus systématique, croyez-vous
que les personnes charitables auxquelles je pense
ne seront pas découragées à l'avance par ces lenteurs et qu'il en faudra davantage pour les détour-
ner de leur philanthropique dessein ?

C'est par cette considération que je voudrais terminer, car il y a là un véritable péril public. Même
dans les sphères gouvernementales, on reconnaît la
nécessité de la bienfaisance privée pour seconder
l'Assistance publique dans sa lourde tâche. Or, la
bienfaisance (puisque le mot charité déplaît) a besoin
de liberté; il lui faut, pour me servir d'une expression familière, avoir les coudées franches.

Les a-t-elle dans notre pays ? Assurément non.

Elle est au contraire entravée à chaque pas et ligotée par les lois civiles ou pénales, par les habitudes administratives, par les exigences fiscales. Je ne veux pas rallonger cette lettre en énumérant tous les obstacles que lui crée, soit la difficulté de posséder, qui va souvent jusqu'à la prohibition, soit la tutelle administrative, dont l'ingérence est souvent inintelligente et mesquine, soit l'âpreté du fisc, qui prélève sur les donations ou les legs des droits dont l'exagération détourne à l'avance les bienfaiteurs. Veut-on opposer à ses efforts de nouveaux obstacles. Au moment où l'Assistance publique dénonce elle-même, à Paris, le déplorable état de quelques-uns de ses hôpitaux et leur encombrement, veut-on rendre plus difficile l'érection d'hôpitaux privés qui la déchargeraient d'autant ?

Alors que l'état de nos finances empêchera peut-être le vote d'une loi assurant des pensions aux vieux travailleurs, et qu'au su de tous ceux qui s'occupent de ces questions, la liste des « expectants » s'allonge à la porte des hospices publics pour la vieillesse, veut-on empêcher l'ouverture d'hospices privés qui pourraient en recueillir un grand nombre ? Au moment où on convie tous ceux qui ont à cœur le développement de la population française à enrayer les progrès de la tuberculose, veut-on décourager la fondation de sanatoria comme ceux de Villepinte et d'Ormesson où d'humbles sœurs avaient entamé la lutte bien avant qu'hygiénistes et démographes s'en occupent.

Sans doute on ne veut pas tout cela ; mais on y

arrivera si l'on inquiète et contrarie la bienfaisance privée en ne lui laissant pas le libre choix du personnel auquel il lui plaît de se confier, et si toute personne qui voudra faire une fondation charitable doit, avant toute chose, avant de réunir les fonds nécessaires, avant d'acheter un terrain, avant de fixer ses plans, s'enquérir de savoir si le Conseil d'Etat l'autorisera à traiter avec telle ou telle communauté qui lui convient et attendre indéfiniment la réponse.

Avec la fin de la liberté on pourrait bien voir, je ne dirai pas la fin, car je ne veux rien exagérer, mais la décroissance rapide de la bienfaisance privée. Il y a donc là, je le répète, un véritable péril public, et il faut le signaler à ceux, en assez grand nombre j'aime à le croire, qui sont disposés, dans le Parlement, à examiner cette question en dehors de toute prévention sectaire.

Si un grand organe de publicité voulait l'entreprendre, il rendrait un signalé service. C'est pourquoi je fais appel au concours du *Temps*, et je vous remercie en terminant d'avoir bien voulu me l'accorder.

Comte d'Haussonville.

Quelle démonstration il nous procure de la véracité de nos affirmations produites dans cet ouvrage !

Il reconnaît que ce qui lie le public aux sœurs de charité, c'est leur bon marché..., tout comme ce qui séduit la clientèle des bazars.

Il revendique pour la personne charitable la

liberté absolue — celle de ne donner qu'aux gens qui lui plaisent — et avant tout celle de ne pas donner du tout — résolution qu'il fait pressentir, pour punir les pauvres de ce que le gouvernement prétend les assister.

C'est la lutte de la Bienfaisance contre l'Assistance, lutte bien mise en évidence par l'éminent sociologue le docteur P. Brousse à propos d'un congrès tenu à Bordeaux le 4 juin 1903.

J'exprime d'abord le regret que tous les conseils généraux de France négligent de se faire représenter à ces congrès annuels d'assistance publique et de bienfaisance privée.

Là s'élaborent des projets de résolution, se votent des conclusions d'une importance considérable, et se rencontrent les délégués de tous les groupements qui avouent pour objet le secours à apporter aux misérables. Cette année, à Bordeaux, grande affluence de toutes les tendances : M. Casimir-Périer y voisine, à la séance d'ouverture, avec les vicaires généraux de son Éminence M. le cardinal, et M. l'abbé Lemire, député, va discuter avec MM. les représentants de la Gironde.

On discute des rapports à établir entre les organes de l'Assistance publique et les organisations de la bienfaisance privée. Nul doute qu'à ce rapprochement les vrais pauvres y gagneraient tout ce que les professionnels y perdraient. Mais encore est-il difficile de consentir à ce que les représentants de toute la nation, car finalement c'est toute la nation que représentent — bien ou mal — les fonctionnaires de l'Assistance publique, traitent d'égal à égal avec les philanthropes de la bienfaisance particulière.

Or, savez-vous quel système de rapprochement avait imaginé un congressiste de Bordeaux ? C'est une perle ! Lisez :

Qu'il soit formé par département ou par région : un service public d'assistance entre les œuvres dépendant de l'Etat, du département, des communes : un service privé d'assistance entre les œuvres reconnues d'utilité publique, approuvées, déclarées, et libres sans conditions pouvant aliéner leur indépendance ; un conseil supérieur composé de quinze membres : un représentant de l'archevêque ; un représentant du maire du chef-lieu du département, un représentant du préfet ; un représentant du consistoire protestant, un représentant du consistoire israélite, membres de droit : cinq représentants de l'Office public d'Assistance, cinq représentants de l'Office privé, membres élus.

Et cet organe où d'entrée, la collectivité est constituée en minorité, eût été muni de tous les moyens matériels nécessaires pour fonctionner utilement.

Sans souscrire à cette sorte de subordination du service public de la solidarité républicaine, le rapporteur du congrès n'en a pas moins conclu à la mise en présence des deux groupements rivaux et à la nécessité de leur entente cordiale et égalitaire.

Cependant dans ce même congrès, à propos d'un fait précis, la réalité des choses s'est imposée et M.Prévost, avocat à la cour d'appel à Paris, signale certains orphelinats qui constituant de véritables maisons d'exploitation, n'hésitent pas, dans le but de se procurer à vil prix une main-d'œuvre rémunératrice, à commettre de monstrueux abus, de véritables crimes.

Il faut, dit-il, protéger l'enfant et dans ce but organiser une surveillance efficace, surveillance que réclament tous ceux qui font le bien et non le bien en apparence seulement.

Ajoutons à l'honneur du congrès, qu'il a suivi MM. Prévost et Rollet dans cette voie, et a émis le vœu que ouvroirs laïques ou religieux fussent désormais soumis pratiquement au contrôle des inspecteurs des établissements industriels.

A ce propos, sans se rendre compte peut-être de l'importance et de la gravité de son vœu, le Congrès a posé le principe de la vraie doctrine ; la subordination à l'Assistance publique, de la bienfaisance privée.

Le secours sous une forme quelconque accordé au malheureux, doit être donné sans restriction aucune et sans condition.

Aucun acte ne mérite un égal mépris à celui de l'exploitation morale, matérielle ou religieuse de la misère. Le consentement universel de vivre en société suppose que chacun doit retirer de cette entente au moins la sécurité matérielle de la vie : le pain et l'abri pour tous doivent être la base de tout contrat social. Donc c'est la société, et dans l'état de division politique du sol, c'est la Nation qui doit l'assistance.

Nous considérons cette prémisse comme ne pouvant être réfutée.

Elle entraîne cette conséquence : Si, par bonté de cœur, amour du prochain, un citoyen ou un groupe ému veulent aider l'Etat dans sa tâche, apporter dans l'octroi des secours une délicatesse de sentiment que les fonctionnaires n'ont pas toujours sur eux, il faut les en louer, les remercier. On doit accepter ce concours, mais on a le devoir de s'assurer que le don est bien gratuit, unilatéral : qu'il ne cache pas de secret dessein d'acheter une conscience, une adhésion religieuse ou politique, ou de se procurer de la main-d'œuvre à bon compte.

La bienfaisance privée est donc par sa nature une annexe de l'Assistance publique, non point son égale. Le caractère du traité à passer, si traité il y a, est la subordination de la première à la seconde. Et celle-ci a le devoir et le droit de contrôle sur celle-là. Comme l'administration de l'Enseignement public, l'administration de l'Assistance publique devrait avoir un corps d'inspecteurs, et soumettre au contrôle de ces fonctionnaires toutes les sociétés de charité.

Indifférent aux criailleries de la gent cléricale, soutenu par la poussée de révolte anti-religieuse du public répercutée sur le Parlement, le gouvernement après la protection de l'enfance s'occupa du sort des vieillards en faisant sortir la loi qui les concerne des cartons où elle sommeillait depuis deux ou trois législatures.

Le terrain de combat était cette fois particulièrement défavorable aux cléricaux, pour l'excellente raison qu'autant ils s'intéressent à l'enfance par laquelle on peut dominer plus tard les citoyens, et dont on tire immédiatement un parti fructueux, autant ils ont toujours négligé le vieillard, incapable de produire et dépourvu de tout avenir.

Le projet de loi ne venait donc plus substituer l'action du Gouvernement à l'initiative privée — il était, cette fois, destiné à créer un vide — cruellement ressenti par tous les nécessiteux. S'y opposer, c'était sûrement perdre des électeurs... et malgré les multiples influences de la religion, de la propriété et de l'or répandu à poignées au moment opportun, l'élection d'un député clérical est de plus en plus hasardée à mesure que s'ouvrent à l'évidence les yeux des moins clairvoyants.

Cependant, laisser passer sans protester l'affirmation du droit qu'ont les travailleurs usés à un morceau de pain paraissait dangereuse aux représentants du parti de la charité bénévole.

Cette double tendance s'est nettement indiquée dans le débat parlementaire.

Plusieurs orateurs réactionnaires ont discuté jésuitiquement la loi par ses petits côtés, l'un l'a déclarée inefficace, insuffisante, mal étudiée, l'autre a cherché à effrayer la Chambre par la somme considérable nécessitée pour son application et a agité le drapeau du déficit pour dissimuler la colère du clergé dépossédé de son monopole charitable.

Mais quand on a procédé au scrutin, phénomène admirable ! toutes les oppositions s'étaient évanouies et alors qu'au moment de la discussion, plusieurs orateurs soutenus de l'assentiment de leurs partis avaient combattu la loi, au moment du vote, il y eut trois bulletins contre elle !

La moralité de cette ridicule aventure a été tirée par M. Jaurès dans un article intitulé : Charité privée et solidarité sociale :

Les conservateurs n'ont pas osé attaquer de front le principe de droit qui domine la loi en discussion sur l'assistance des vieillards, des infirmes et des incurables. Quelques-uns comme M. Beauregard n'admettent donc pas pleinement que le malheureux, celui qui est incapable, soit par l'effet de l'âge, soit par l'effet de la maladie, de gagner sa vie, et qui d'ailleurs est sans ressources, ait une créance sur la société. M. Beauregard se refuse à reconnaître la dette sociale envers les pauvres. Mais quelle est la valeur de ces réserves puisque M. Beauregard n'oppose pas à la doctrine qu'il déclare ne pas adopter, une doctrine contraire ? J'ai le droit de dire qu'aucun parti n'a osé combattre le principe même de l'assistance obligatoire.

Mais c'est dans le détail de la loi que les cléricaux et les modérés ont tenté, vainement d'ailleurs, de prendre leur revanche. Ne pouvant éliminer l'assistance sociale, ils ont essayé par tous les moyens de la subordonner à la charité privée et confessionnelle. Il est clair que demain l'État ne se trouvera point en face d'une table rase. Il y a des œuvres d'assistance privée qui fonctionnent ; il y a des fondations charitables qui concourent à l'allégement de bien des misères.

En organisant l'assistance sociale aujourd'hui, l'assurance sociale demain, la nation ne prétend ni méconnaître, ni répudier les efforts déjà accomplis.

Quand les communes auront à statuer sur la qualité d'indigent invoquée par tel ou tel vieillard, sur les titres qu'il peut produire au service de la solidarité sociale, elles seront tout naturellement conduites à tenir compte des secours qu'il reçoit déjà des institutions d'assistance préétablies, de l'hospitalisation dont il bénéficie. Mais cet état de fait ne dominera point le droit. Je veux dire que la nation reste, envers le vieillard, la véritable débitrice, et qu'elle ne peut se considérer comme déchargée en tout ou en partie de sa dette envers le pauvre par une œuvre d'assistance privée, que si cette œuvre se conforme elle-même aux intentions de la loi, aux obligations de l'Etat débiteur.

Ceux, par exemple, qui préféreront l'hospitalisation aux secours à domicile pourront continuer à être hospitalisés dans les établissements qui les reçoivent aujourd'hui ; et quel intérêt pourraient-ils avoir à y renoncer ?

Mais rien dans le fonctionnement de ces établissements, ne pourra être contraire à ce droit du citoyen : rien, par exemple, ne pourra attenter à la liberté de croyance ou d'incroyance de l'hospitalisé. Celui-ci d'ailleurs gardera toujours le droit essentiel que lui reconnaît la loi, de préférer le secours à domicile et de le réclamer.

Ainsi tout le mécanisme de bienfaisance privée qui existe aujourd'hui continuera, mais sous le contrôle souverain de la nation et sous les conditions de droit fixées par elle.

L'assisté gardera toujours son droit supérieur, son recours direct à la nation et il pourra être assisté par les œuvres privées ; il ne sera jamais enserré et dominé par elles.

Et naturellement, les institutions même de bienfaisance privée évolueront dans le sens marqué par la loi de solidarité sociale. Celle-ci proclame que le pauvre a droit, avant tout, à un secours à domicile mensuellement payé. C'est là, selon la loi, le type normal de l'assistance, celui qui ménage le mieux la dignité de l'assisté, celui qui trouble le moins les habitudes de la vie civile, celui qui ôte le plus à l'assistance cette apparence de séquestration et de claustration qui lui donnait presque un caractère conventuel. Il est certain que de plus en plus, sous l'influence même de la législation et du droit reconnu par elle, les personnes charitables conformeront leurs dons, leurs œuvres, leurs fondations à cette pensée. Elles consacreront leurs ressources à améliorer les secours distribués à domicile, à en élever le chiffre.

Donc encore une fois, l'assistance sociale n'abolit pas tout le noble effort antérieur d'assistance privée, elle ne contrarie en rien les efforts nouveaux ; mais elle soumet la charité privée à la discipline du droit humain reconnu par la loi aux vieillards et aux infirmes.

Ce n'est pas ce que veulent les conservateurs et les réacteurs. Ils ont voulu réduire l'assistance sociale, qui procède du droit, à n'être qu'une sorte de complément subalterne de l'assistance privée. Ils ont demandé, par amendement, que l'Etat ne fût tenu à secourir les malheureux que dans le cas où les secours de la charité privée leur feraient défaut.

Ils mettraient ainsi la charité privée au premier rang, et ils lui laisseraient par là-même le soin de tracer les règles selon lesquelles le pauvre serait assisté. Le droit de l'individu humain à être secouru par la nation, et dans des conditions conformes à la dignité humaine, s'effaçait ou s'atténuait. Le devoir de la nation disparaissait, et la charité privée usurpant le domaine de la solidarité sociale, substituait l'arbitraire du don à la certitude réglée de la dette.

Il est même des hommes de droite qui ont proposé ouvertement l'abdication de l'Etat. Ils voulaient que l'Etat, le département et la commune pussent se décharger par contrat de leurs obligations d'assistance sur des établissements privés, qui recevraient ensuite les subventions et allocations prévues par la loi.

C'était le démembrement de la puissance publique et du devoir social au profit des corporations charitables. C'était la constitution des fiefs de charité, qui n'auraient pas tardé à imposer aux pauvres devenus leurs vassaux, la foi et l'hommage.

La majorité républicaine avertie par son instinct démocratique, mise en garde contre tous les pièges par le président de la commission Millerand et par le rapporteur Bienvenu Martin, a déjoué toutes ces tentatives captieuses. Elle est restée fidèle à la pensée sociale du projet de loi. Et sans doute, elle y restera fidèle jusqu'au bout.

La réaction a tenté de s'emparer d'une phrase du rapport pour démontrer que la commission voulait systématiquement abolir la charité privée. M. Bienvenu Martin, qui a si profondément étudié la question et qui soutient le projet avec autant de compétence juridique que de sûreté démocratique, a écrit en effet : L'action de la bienfaisance privée ira nécessairement en se restreignant à mesure que la collectivité aura davantage conscience de ses devoirs envers ses membres. C'est l'évidence même, c'est la loi du progrès. Cette loi du progrès humain incorpore peu à peu au domaine commun ce qui avait été jusque-là l'objet d'initiatives individuelles.

Il est certain par exemple, qu'il n'y a plus lieu pour la charité privée d'entretenir les enfants pauvres dans les écoles, depuis que les écoles sont gratuites. Faudra-t-il donc faire payer les enfants du peuple pour donner à une sorte de charité scolaire l'occasion de s'exercer ? Quand tous les salariés recevront, à l'âge de la retraite, une pension suffisante à assurer leur vie, une partie des efforts charitables qui se vouent en ce moment à l'assistance de la vieillesse deviendront sans objet. Faut-il donc maintenir indéfiniment le prolétariat dans une condition d'insécurité, de détresse et d'abandon pour permettre à la bienfaisance privée d'exercer sa noble initiative ? A la façon dont quelques apôtres de la bienfaisance privée la comprennent, on dirait qu'ils conçoivent surtout la charité comme un droit à exercer par les riches.

Il semblerait que la loi doit prolonger la misère, pour que la richesse ne perde pas le privilège de la charité, le luxe délicat de l'aumône. Si donc nos contradicteurs veulent dire que dans notre pensée, la solidarité sociale doit couvrir peu à peu tous les domaines abandonnés jusqu'ici à la charité privée, ils ont raison. Mais cela n'implique pas en aucune manière que l'Etat considère comme négligeables les efforts déjà faits, les institutions déjà créées. Et les sources du dévouement ne sont point taries.

L'exemple de ces milliardaires américains qui donnent des sommes considérables pour populariser la haute science, pour multiplier les bibliothèques, les laboratoires, et en favoriser l'accès au peuple, prouve que d'innombrables et hauts emplois restent encore ouverts au noble besoin de donner. Même dans l'ordre communiste, qui ne sera pas un système de confusion primitive et de nivellement grossier, chaque individu humain aura bien des occasions de donner un peu de lui-même, et l'esprit de sacrifice, par lequel l'homme élève la vie au dessus même de la fraternité sociale, pourra largement s'exercer.

On peut même dire que le communisme, en portant tous les individus humains à un haut degré de bien-être, de dignité et de culture, étendra à tous ce qui fut le magnifique et parfois insolent privilège d'une aristocratie : le moyen de donner, de prendre sur sa propre vie pour agrandir librement la vie des autres, pour passionner d'une fraternelle faveur la solidarité sociale. Ceux qui croient qu'ils perdront l'occasion de donner et de se donner quand le peuple tout entier aura été arraché par le bienfait des institutions et des lois à la misère et à la dépendance, se font une idée bien basse de la vie.

La justice sociale en s'élevant comme la mer, ne submerge pas la charité ; elle la porte plus haut.

(Jean Jaurès).

Voici donc éloquemment établie la thèse de l'assistance destinée à remplacer la charité dont la faillite est solennellement déclarée. Mais il ne suffit pas de critiquer, de détruire et de condamner ; il faut reconstruire et remplacer. Bien plus, il faudrait avoir tout prêts les organismes de remplacement avant de supprimer ceux dont le fonctionnement reconnu défectueux nécessite la disparition. S'il y a le moindre jeu dans le changement de système, les malheureux en souffriront et l'opposition en triomphera.

Déjà des médecins se plaignent qu'on les prive d'infirmières congréganistes et qu'ils n'ont pas à leur disposition d'infirmières laïques prêtes à les remplacer. Le mal n'est peut-être pas aussi aigu que l'indique le Docteur Jeanne. Nous avons souvent constaté combien une mère de famille, intelligente, adroite et docile aux ordres du médecin supplée avantageusement une sœur de charité à l'esprit borné, imbue de préjugés et de préventions contre le médecin jeune et sans titres. Malgré tout, il ne faudrait pas qu'il y eût le moindre prétexte à plaintes paraissant justifiées. Et puis reste la grosse question de l'organisation de l'Assistance publique.

Voici comment la juge un conseiller municipal fort compétent :

Quand on parle de l'Assistance publique dans les journaux, c'est généralement pour en dénoncer les scandales. Il se dépense pourtant dans nos services, une somme énorme de dévouement ; il s'y accomplit nombre d'actions méritoires et belles ; mais la légende veut que l'abnégation ne se rencontre pas sous l'habit laïque. Nous possédons aussi au département de la Seine, une organisation remarquable et digne, dans son ensemble, des plus grands éloges : celle des Enfants-Assistés. Qui donc sait dans le grand public que cinquante mille enfants, venus à la vie dans les conditions les plus déplorables, sont élevés par l'Assistance, instruits et replacés dans un milieu familial ?

Chaque année des milliers de petits êtres sont arrachés à la mort, au crime ou au vice ; mais la légende veut que l'Assistance publique soit la marâtre et la voleuse d'enfants.

Et c'est ainsi que les donateurs réservent leurs largesses pour des œuvres privées inspirées souvent d'un esprit exclusif, parfois fort mal dirigées et dont le coefficient d'exploitation dépasse celui de l'administration.

Je sais bien que tout n'est pas parfait avenue Victoria.

Les grandes administrations hélas ! sont routinières et dispendieuses, et je comprends qu'un donateur ne se soucie guère de voir passer le plus clair de son legs en frais de bureau ou en gaspillage tels que ceux qu'on dénonce avec raison dans certains services hospitaliers. Mais il est un moyen bien simple d'éviter ces inconvénients. Il suffit de déterminer l'emploi de la libéralité qu'on accorde. C'est ce qu'a fait M. Louis Galien ; il a spécifié que la rente du million qu'il laissait aux indigents serait distribuée à domicile.

A ce point de vue encore, il a droit aux éloges, pour s'être montré clairvoyant. Il n'a pas fait comme tant d'autres qui fondent des lits d'hospice ou d'hôpital, et qui ne réfléchissent pas que la seule journée d'un malade soigné dans un service de médecine ou d'un vieillard hospitalisé représente la valeur de trois secours à domicile, sans compter, bien entendu, les frais de premier établissement.

Le testament de M. Louis Galien nous montre la voie. Au lieu de construire des bâtisses coûteuses dont le service et l'entretien nécessitent des états-majors nombreux et une armée de fonctionnaires, il faut autant que possible soigner les malades à domicile et substituer à l'hospice-caserne la pension de retraite. Quand la famille fait défaut, le placement surveillé dans un ménage étranger vaudra toujours mieux que l'internement. L'hospitalisation ne doit en principe, être maintenue que pour les maladies graves ou contagieuses, pour les cas de chirurgie ou pour les invalides complets. Cette conception libérale et moderne de l'assistance comprend toute une orientation nouvelle qui devrait séduire les âmes généreuses.

Jadis, les bienfaiteurs des pauvres éprouvaient le besoin de perpétuer le souvenir de leur nom par des monuments et leur charité n'allait pas sans quelques morceaux d'architecture. Je voudrais voir renoncer à ces fondations d'autant plus onéreuses que le plus souvent elles sont très restreintes.

Ce qu'il faut, c'est secourir la vieillesse, l'enfance et la maternité. Jamais sous ce rapport nos services ne seront trop largement dotés. Il y a des filles-mères et des femmes délaissées qui abandonnent leurs petits parce qu'elles n'ont pas de quoi les nourrir. On a distribué en 1901, 667.960 francs aux mères seules qui élevaient leurs enfants. On pourrait donner quatre ou cinq fois autant, sans craindre de faire œuvre inutile. Avis aux millionnaires que la chose pourrait tenter !

De l'enfant au vieillard, il n'y a que le court espace d'une vie et trop souvent d'une vie douloureuse. On fait peu pour la vieillesse et nous réservons surtout nos égards pour celle qui est cossue.

Au septuagénaire misérable, on accorde un dortoir à Nanterre ou à Bicêtre, une ration et un uniforme de prisonnier. Voilà pourtant le bien suprême que plusieurs milliers de pauvres vieux envient, et combien n'atteindront jamais à ce pitoyable idéal! Mais avec trente francs par mois, la plupart de ces hommes, ceux qui ne sont pas tout à fait isolés, pourraient ne pas mourir de faim. Autant je trouve inutiles des secours de 3 et de 5 francs par mois, autant une pension de 360 francs par an peut offrir dans la plupart des cas une aide effective. En attendant que la République, de plus en plus imprégnée de solidarité sociale, ait enfin institué par l'assurance obligatoire, les retraites de la vieillesse et substitué le régime du droit à celui de l'aumône ; les initiatives privées devraient multiplier les fondations de pensions représentatives. L'argent ainsi employé ne passerait pas en constructions et en frais généraux ; il irait où il doit aller, à la misère et à la vieillesse.

Aux œuvres dont je parle, la mémoire des donateurs ne perdrait rien. Le conseil municipal a formulé le vœu que le souvenir des bienfaiteurs de l'Assistance publique soit conservé par une inscription au siège de l'administration.

L'intention est bonne assurément. Avouez cependant que c'est peu, quelques lettres dorées sur une plaque de marbre noir sur les murs du n° 3 de l'avenue Victoria. Les fonctionnaires y fréquentent seuls avec les indigents. C'est dans les quartiers aristocratiques, au coin des rues où se dressent les palais et les hôtels, qu'il faut graver les noms et ciseler les traits de ceux qui ont songé, malgré leur opulence, aux misérables sans abri et sans pain. On y joindrait une inscription rappelant les bienfaits qui auraient motivé cet honneur public.

Les riches seraient libres ensuite d'en faire autant si le cœur leur en disait, et je ne vois pas ce qui les empêcherait de jouir de leur vivant, du seul honneur qui revienne légitimement à la fortune : celui de faire un peu de bien.

Mais au cas où les bienfaiteurs fermeraient leurs bourses à l'Assistance, il faut envisager les moyens financiers de pourvoir aux besoins des miséreux.

Voici quelle solution indique un de nos hommes politiques les plus compétents en sociologie.

Je ne veux pas discuter ici la valeur des congrégations hospitalières et de leurs œuvres. Si certaines dissimulent sous un masque charitable une véritable industrie, si les Bons-Pasteurs exploiteurs d'enfants ne sont pas rares, il faut bien reconnaître que d'autres établissements congréganistes ne prêtent pas le flanc aux mêmes critiques.

Sans doute on y entend l'assistance d'une manière toute spéciale ; sans doute la préoccupation religieuse tient là comme ailleurs la première place, et la propagande, le prosélytisme et l'intolérance ne perdent jamais leurs droits ; mais matériellement les hospitalisés ne sont pas maltraités. Ce sont ceux-là qui serviront de couverture aux autres. Et c'est à l'occasion de ceux-là qu'on fera valoir l'argument financier et l'augmentation des dépenses.

Cet argument est-il sérieux ? Oui, si l'on raisonne sur un laps de quelques semaines. Non, si on considère un espace de quelques années.

Il est bien clair que si du jour au lendemain, on ferme les établissements qui hospitalisaient des enfants ou des vieillards, on sera obligé de les mettre quelque part, de les loger, de les soigner, de les nourrir, et que de ce chef les dépenses publiques augmenteront. Il serait puéril de le nier. Mais il convient de se demander si cet accroissement des dépenses publiques d'assistance pourrait être évité, et si d'une manière comme d'une autre on ne se trouverait pas placé, à quelques années près, en présence des mêmes charges.

Or l'élévation des dépenses d'assistance est un fait inévitable, non seulement à cause des progrès accomplis chaque jour, mais encore par suite de la disparition fatale des œuvres de bienfaisance privée. Celles-ci — je parle des œuvres honorables, et non des usines du Bon-Pasteur, — celles-ci tirent toutes leurs ressources de subventions particulières, de dons, de quêtes de toutes sortes, et il est aisé de montrer que ces diverses sources ne tarderont pas à être taries, dès que l'on commencera à appliquer sérieusement les lois nouvelles sur l'assistance obligatoire.

On donne à une quête ou l'on sourit à une œuvre de bienfaisance avec la pensée que grâce à la libéralité consentie, des personnes seront secourues, qui ne le seraient pas sans cela.

Mais si une organisation publique existe pour secourir réellement tous ceux qui ont besoin, l'intervention privée n'a plus de raison d'être, la quête devient infructueuse, les dons et les legs deviennent de plus en plus rares. Et en tout état de cause, il faudrait s'attendre à voir disparaître, faute de ressources, les œuvres de bienfaisance privée — congréganistes ou non — le jour où les personnes publiques : État, départements et communes, se soumettront vraiment à l'obligation de secourir et où les nécessiteux seront armés du droit de secours.

L'expérience est faite, d'ailleurs. Parmi les diverses catégories de nécessiteux, il en est qui sont en fait toujours suffisamment assistés par les départements : ce sont les enfants abandonnés et les aliénés. Leur entretien étant assuré par un service public, les particuliers ne donnent rien pour eux, parce qu'ils ont conscience que leur intervention ne ferait secourir ni un aliéné ni un abandonné de plus.

Aussi les dons et les legs en faveur de ces grands services sont-ils rares et insignifiants, absolument incomparables à ceux que l'on recueille pour les malades ou les indigents.

Le jour où le soin de ces derniers sera assuré de la même manière, le même fait se produira, et faute de ressources financières, les œuvres privées, congréganistes ou autres, disparaîtront, sauf d'insignifiantes exceptions.

L'augmentation de dépenses dont on voudrait faire un épouvantail, la disparition de la charité privée sur laquelle on voudrait mener grand tapage, sont donc des choses fatales dès que l'on inscrit dans la loi l'assistance obligatoire et le droit au secours. Simple question de délai ; et voilà pourquoi à considérer les choses sur un laps de temps un peu étendu, on arrive à se convaincre que l'argument est sans valeur.

Mais il resterait encore à se demander si vraiment l'augmentation est aussi considérable qu'on veut bien le prétendre.

C'est par les dons que sont alimentées les œuvres

privées; mais cela no veut pas diro qu'elles fonctionnent pour rien. A défaut des pouvoirs publics, c'est le corps social qui paye et fait sous des formes diverses les frais de toute assistance.

C'est encore lui, c'est toujours lui qui les fera sous une forme ou sous une autre. Ses charges seront peut-être plus apparentes, elles ne seront pas réellement plus lourdes, si on tient compte des répercussions inévitables.

Cette conception du fonctionnement de l'assistance basée en fait sur la charité méritait d'être exposée en entier — car c'est bien ainsi que tout le monde — dirigeants et public — se représente l'assistance.

Il en est de même pour la religion : ceux qui crient le plus fort et qui croient le plus sincèrement s'être délivrés de toute théocratie, se surprennent à jurer sur ce qu'il y a de plus sacré, sur Dieu lui-même, qu'ils ne croient pas en Dieu.

De même les partisans les plus résolus de l'assistance destinée à remplacer la charité commencent par prendre celle-ci pour base de celle-là.

Exemple : les sociétés de secours mutuels par lesquelles se manifeste le premier essai de l'organisation qui sera évidemment celle de la Société de demain tout entière, une association libre de gens réunis par les mêmes besoins et mettant en commun leurs ressources pour lutter contre les forces nuisibles, aujourd'hui la maladie, demain l'incendie, la grêle, le vol, les inondations, et pour les ouvriers, le chômage.

Voilà le principe ; il est inattaquable pour les esprits clairvoyants et justes, et tous les bons citoyens devraient en favoriser l'application et le progrès avec le même soin qu'on protège la jeune pousse destinée à devenir un arbre.

Mais telles qu'elles fonctionnent actuellement en général, les sociétés de secours mutuels répondent-elles à cet espoir ? Pas du tout ! ce sont des œuvres de bienfaisance à peine déguisées.

Pour qu'elles méritent le nom de sociétés de secours mutuels il faudrait que les dépenses fussent entièrement couvertes par les cotisations des membres actifs participants, les seuls qui dussent exister.

Or, dans la presque universalité des cas, si la société n'avait que ses ressources régulières, normales, elle ne durerait pas un an.

Le supplément nécessaire elle le trouve : d'une part dans un système d'amendes qui rappelle les régimes des collégiens au point de vue punition, et celui des employés exploités dans certaines maisons de commerce, par exemple dans les établissements Duval, au point de vue bénéfices ; à tous les points de vue c'est un système déshonorant pour ceux qui le subissent comme pour ceux qui l'appliquent et il faut connaître la bassesse d'esprits des mutualistes actuels, petits employés, petits commerçants, cultivateurs, pour comprendre qu'ils aient étayé leur œuvre commune sur cette manifestation blessante d'autoritarisme. Ne sont-ils pas habitués depuis leur plus tendre enfance à n'entendre que des menaces et à n'agir que sous la crainte de punitions ?

Les parents, les patrons, les chefs, les gendarmes, les agents, les sous-officiers, ont successivement jalonné leur route pour leur montrer où il leur était permis d'aller et pour leur faire sentir ce qui leur en cuirait de s'écarter de la route indiquée.

Il est donc tout naturel que libres de fonder une libre association, ces libres citoyens aient commencé par établir les punitions auxquelles ils sont accoutumés et par instituer un gardien de l'ordre et des statuts pour représenter l'autorité.

Par ce moyen la société récupère une certaine somme annuelle qu'on peut difficilement attribuer à l'esprit de solidarité.

Mais cela ne suffit pas à combler le déficit il faut s'adresser à des personnes généreuses, charitables. Et là encore la charité s'affiche comme nous l'avons vu dans tous les cas, pour déguiser toute sorte d'intérêts. On désigne sous le nom de membres honoraires les gens bienfaisants qui subventionnent la société à laquelle ils ne participent en rien, mais en échange on leur octroie toutes espèces de satisfactions : on imprime leurs noms en tête des listes, ce qui suffit pour obliger dans les petites villes tous les habitants aisés d'y figurer, pour ne pas paraître moins que les autres ; on leur donne des concerts, et enfin quand ils sont morts, ils ont le plaisir d'avoir à leur enterrement la société au grand complet, et ils peuvent y compter, puisque chaque absence vaut une amende.

Mais la vanité n'est pas le seul levier dont on se sert pour faire arriver l'argent aux caisses des mutualistes.

Les influences locales, politiques, religieuses, y ont leur grande part.

Tel gros personnage de village donnera chaque année à la société la somme nécessaire pour combler le déficit, et l'on sait pouvoir y compter, mais il est le maître de la société qui cesserait d'exister dès le moment qu'il fermerait la main.

Il y fait donc ce qu'il veut : remanie les statuts à son gré, impose la direction d'hommes à sa guise.

Il en est de même quand un groupe de mutualistes, sous l'influence occulte du curé, occupent à eux seuls les places d'administrateurs.

La société de secours contre la maladie devient vite une société de propagande cléricale. On laisse entendre aux membres dociles jusqu'à la lâcheté qu'ils auront tout bénéfice à assister à la messe, et qu'à manifester un peu d'indépendance et de dignité, ils risquent la faillite.

Voilà pourquoi une institution susceptible de rénover la société actuelle en y faisant pénétrer et s'y développer l'esprit d'indépendance, de solidarité et de justice ne sert actuellement qu'à mettre en évidence la vénalité, la servilité et la lâcheté du petit bourgeois.

La cause en tient uniquement à ce que là s'est infiltré dans une association qui aurait dû ne compter que sur elle-même et proportionner ses dépenses à ses seules ressources, quelques modestes qu'elles soient, le funeste esprit de charité.

Ce même résultat déplorable de l'esprit de charité se fait sentir dans toutes les œuvres dites d'assistance, et principalement dans l'Assistance publique.

Quelles luttes n'a-t-il pas fallu soutenir pour laïciser les hopitaux de Paris ? si l'on veut bien admettre qu'ils le soient en réalité.

Jusqu'ici cette laïcisation qui a suscité autant de colères cléricales que la fermeture de quelques douzaines de congrégations non autorisées, a consisté purement et simplement à substituer une femme coiffée d'un bonnet blanc enrubanné à une femme en cornette, comme surveillante du personnel infirmier de chaque service.

Le personnel infirmier auquel maintenant comme autrefois incombe toute la besogne continue à rester privé d'avancements et de récompenses, les places lucratives étant réservées à des personnes sorties des rangs de la bourgeoisie et soutenues par de puissantes influences.

Ces personnes « bien élevées » c'est-à-dire élevées dans des pensionnats congréganistes, professent des sentiments religieux autant et plus même que les sœurs de charité quelles ont remplacées.

Elles en font une question d'amour-propre, étant convenu que la libre pensée est l'indice d'une basse extraction et que l'athéisme est « mauvais genre ».

C'est un phénomène du même ordre que celui qui se produit dans l'enseignement laïcisé ; il relève des mêmes causes et aura la même durée.

Il faudra pour y mettre fin que dans les hôpitaux comme dans les écoles arrive une génération de jeunes femmes soustraites depuis leur première enfance à l'influence cléricale, imbues d'idées larges et élevées, et se considérant elles-mêmes comme d'honnêtes femmes malgré qu'elles ne se confessent pas et n'aillent pas à la messe.

La pépinière d'élèves sorties de Fontenay et ayant eu le bonheur de recevoir ces fortes leçons de l'admirable Pécaut commence à rénover heureusement le personnel enseignant.

Quel sera l'initiateur de l'éducation laïque dans les hôpitaux ? Il reste encore à trouver. En l'attendant, il faudrait tirer meilleur parti du personnel infirmier, y établir une sélection entre les filles incapables de toute culture et auxquelles on réserverait le travail d'entretien des locaux et la besogne purement manuelle, et les filles aptes à comprendre les idées générales qui dominent le traitement des malades et à s'y intéresser.

Il faudrait que les premières trouvassent dans une rémunération suffisante et un grand bien-être matériel une compensation de leur dur service, et que les secondes fussent stimulées par un avancement échappant à la faveur et obtenu par leur mérite personnel.

Cependant, dès maintenant, les conséquences heureuses de la laïcisation ont commencé à se faire sentir. Du fait seul que la surveillante, quelque incapable qu'elle puisse être, est une personnalité isolée, ses chefs ont sur elle une autorité dont ils étaient dépourvus vis-à-vis de la congréganiste, unité impersonnel d'un bloc intangible et ne relevant que de sa supérieure.

Du temps des sœurs, il était impossible de faire

un pansement propre dans un service de chirurgie.

L'introduction de l'asepsie qui a rénové la chirurgie moderne n'a été possible que grâce à la laïcisation. D'autre part, la transformation bien lente, mais progressant chaque jour de nos hôpitaux en véritables établissements d'assistance était impossible tant que les sœurs y maintenaient tout puissant l'esprit de charité.

Leurs douceurs réservées aux malades favoris, les dons nombreux dont elles disposaient répartis entre les seuls malades dociles et flatteurs, leur absence totale d'esprit d'équité rendaient atroce au vrai malade et à l'homme incapable de servilité le séjour forcé à l'hôpital.

La réforme nécessaire et urgente qui reste à accomplir consiste à débarrasser l'Assistance publique des reliquats de l'esprit de charité en préparant un personnel infirmier conscient de ses devoirs et de ses droits et considérant sa profession comme digne et lucrative et en écartant des hopitaux qui appartiennent aux indigents et aux ouvriers les nombreux malades aisés que l'intérêt du médecin en chef y introduit injustement.

Ces changements reconnus par tout le monde comme indispensables, paraissent difficiles à réaliser, en ce qu'ils comportent une modification complète dans l'état d'esprit de l'administration, des médecins et même du public.

Il nous semble que la solution serait de substituer pour une grande part l'initiative privée à l'administration publique.

Que tous les médecins, se sentant une valeur et disposant de quelques capitaux, se créent une maison de santé où les malades riches paient assez cher les très bons soins qu'on peut leur y donner pour que la maison soit ouverte presque gratuitement à un certain nombre de malades pauvres ; on aura ainsi des traitements bien appliqués, un enseignement organisé, une concurrence favorisant le progrès, et les hôpitaux débarrassés de leurs intrus abriteront les seuls indigents qui ont droit d'y entrer. Le personnel médical des hôpitaux aura enfin une valeur qu'entretiendra la libre concurrence de l'enseignement : les étudiants étant libres de choisir le professeur qui leur plairait, le plus réputé par ses travaux et sa science et qu'ils rémunéreront directement comme il est d'ailleurs infiniment juste. Son intérêt bien compris sera de bien soigner ses malades afin de s'attacher le plus d'élèves possibles. Ce ne sera plus, à part d'honorables exceptions près, le triste fruit sec d'ineptes concours où la faveur et le piston jouent le rôle si néfaste que tout le monde déplore, véritables éteignoirs du mérite.

CONCLUSION

Il y a deux mille ans, l'esclave, l'indigent et le travailleur exploités accueillirent dit-on avec enthousiasme, le révolutionnaire qui, se proclamant leur défenseur et leur ami, leur promit en échange de leurs misères en ce monde, le royaume des cieux, et, réalité plus tangible, leur apporta faute de mieux, le réconfort de sa sympathie et le sentiment de la solidarité.

Si véridiques sont les paroles de cet homme parvenues jusqu'à nous dans un amas de légendes, l'humanité tout entière les a bien mal comprises et a bien peu profité de ses leçons.

On peut, en effet, sans les torturer, trouver dans la doctrine chrétienne primitive l'embryon d'une société basée sur l'amour du prochain, ce qui dispense de toute autorité.

Si ce sentiment avait pu pénétrer l'esprit des hommes et en chasser l'intérêt personnel provenant du primordial besoin de défendre sa vie, l'humanité actuelle tout entière vivrait dans l'état de solidarité et d'aide mutuelle qui ne se réalisera vraisemblablement que dans un espace de temps égal à celui qui a été, depuis l'avènement du christianisme parcouru dans un sens tout opposé.

Fischer

18

Les successeurs soi-disant autorisés du libérateur des faibles et des opprimés n'ont jamais tendu, en effet, qu'à établir et à accroître leur propre puissance et pour cela ont utilisé toutes les autorités laïques qu'ils ont cru utile de laisser debout ou impossible de détruire.

L'ami des humbles n'a eu comme représentants que des amis des puissants et des riches.

Si Jésus, dit-on, chassa les voleurs du temple, les évêques, les moines et les prêtres qui colportent ses paroles ont élevé partout des temples pour voler le public.

Que recherchent-ils, dans leur discours, leurs écrits et leurs intrigues secrètes ? faire donner de l'argent par tous et toujours.

En échange, ils promettent et même ils donnent une lettre de change sur le Paradis. Elle ne leur revient jamais protestée.

Mais comme cette prestidigitation ne trompe pas tout le monde et pour calmer les légitimes impatiences, ils ont soin de répartir en fines gouttelettes distribuées à bon escient à quelques miséreux une faible part de la pluie d'or que leurs boniments font pleuvoir sur eux.

Ils enseignent à leurs fidèles ce moyen simple et peu coûteux de manquer à toute équité : la charité.

De là est née l'acceptation sans révolte d'une situation indéfiniment misérable par des générations d'hommes, de là proviennent la mendicité, la prostitution, le chantage, l'abus de confiance, la servilité, la lâcheté et autres qualités qui surgissent naturellement dans une société dont la base est mauvaise; comme poussent les plantes nuisibles sur un sol dont on n'a pas extirpé les mauvaises graines et les matériaux impropres à la culture.

Voici maintenant que la science peu à peu a ouvert l'esprit des hommes et leur a montré, de toute évidence, que leur puissance n'est pas si limitée que les prêtres le leur ont dit.

De ce qu'ils peuvent asservir les forces de la nature, ils ont induit qu'ils seraient peut-être aptes à goûter durant leur vie un peu plus de bien-être, par une répartition plus équitable et judicieuse des charges et des jouissances.

L'esprit de justice ayant pénétré l'esprit humain ne pouvait qu'en chasser l'esprit de charité.

Faisant le bilan de ce qu'avait produit la charité chrétienne, l'homme de nos jours n'a pas eu de peine à constater l'épouvantable déficit, comme le patron qui, pour la première fois soupçonne son caissier, trouve aisément la trace de ses vols.

Dès lors, il a résolu de changer de système et sur les ruines de la charité chrétienne impuissante et fallacieuse, il essaie d'instituer la seule organisation en rapport avec sa mentalité, une assistance qui accorde à l'homme trop malheureux juste la possibilité de vivre, le droit à un morceau de pain.

Nous sommes loin de ce qu'exigerait le véritable esprit de justice, encore plus loin de ce qu'obtiendrait sans effort ni autorité l'affection mutuelle.

Mais nous ne sommes qu'au début d'une ère

nouvelle, première réaction contre l'obéissance passive aux lois de l'Eglise.

Il nous faut accepter la nécessité d'adapter toute loi sociale au degré d'évolution intellectuelle de la société et envisager avec joie tout pas fait dans une voie fructueuse, surtout quand il est nécessaire de lutter contre un courant contraire.

La clientèle cléricale sous la direction des prêtres a fait masse en effet, contre ce mouvement ou cette tendance au mouvement qui ruine sa puissance. Il n'était donc pas inutile d'apporter par ce livre notre contribution à une œuvre destinée à libérer l'homme du joug ecclésiastique.

Humanum est opus
Sedare dolorem.

Imp. L. COQUEMARD et Cie, Angoulême.

IMPRIMERIE L. COQUEMARD
ANGOULÊME